Christa Meves

Christa Meves / Joachim Illies
Lieben – was ist das?
Ein Grenzgespräch zwischen Biologie
und Psychologie
Band 362 · · 128 Seiten, 10. Aufl.

Manipulierte Maßlosigkeit
Psychische Gefahren im technisierten Leben
Band 401 · · 140 Seiten, 16. Aufl.

Wunschtraum und Wirklichkeit
Lernen an Irrwegen und Illusionen
Band 433 · · 160 Seiten, 7. Aufl.

Die Bibel antwortet uns in Bildern
Tiefenpsychologische Textdeutungen
im Hinblick auf Lebensfragen heute
Band 461 · · 160 Seiten, 7. Aufl.

Ehe-Alphabet
Band 485 · · 128 Seiten, 8. Aufl.

Kinderschicksal in unserer Hand
Erfahrungen aus der psychagogischen Praxis
Band 501 · · 160 Seiten, 4. Aufl.

Christa Meves / Joachim Illies
Mit der Aggression leben
Band 536 · · 128 Seiten, 2. Aufl.

in der Herderbücherei

Joachim Illies

in der Herderbücherei

Herderbücherei

Band 517

Über das Buch

Die Fähigkeit, Freiheit zu leben, ohne sie zu mißbrauchen und dadurch an ihr zu scheitern, setzt Wissen um Lebenszusammenhänge voraus. Denn erst ein solches Wissen kann dem Menschen seine Grenzen ins Bewußtsein rufen.

Die Verwirklichung des Frauenwunsches, sich aus dem Joch des Patriarchats zu befreien, setzt voraus, daß sie ihre Lebenssituation klarer erfassen. Befreiung von Herrschaft macht Kenntnis über ihre Gesetze, Kenntnis über ihre Gefahren der Wucherung, ihrer Möglichkeit zur Eigengewalt notwendig. Die Wahl eines Lebenspartners macht Wissen um Charakterstrukturen und die Voraussetzung zur Ehefähigkeit nötig, um Scheidungselend vorzubeugen. Um unterscheiden zu können, welchen Sinn das Arbeiten hat und wann dieser Sinn durch eine betäubende Arbeitssucht entstellt wird, bedarf es des Wissens um den Stellenwert der Arbeit in unserem Leben.

Befreiung von Bevormundung muß einer Befreiung zur Verantwortung gleichkommen, wenn ein neuer seelischer Reifegrad erreicht werden soll. Mündigkeit dieser Art zu fördern, hat sich Christa Meves in diesem Band zur Aufgabe gemacht.

Über die Autorin

Christa Meves, geboren 1925, Studium der Germanistik, Geographie und Philosophie an den Universitäten Breslau und Kiel, Staatsexamen in Hamburg, dort zusätzlich Studium der Psychologie. Psychagogen-Ausbildung an den Psychotherapeutischen Instituten Hannover und Göttingen. Frei praktizierend in Uelzen, Arztfrau und Mutter zweier Töchter.

Vortrags- und Lehrtätigkeit in Rundfunk und Akademien sowie in zahlreichen Arbeitskreisen. Neben Veröffentlichungen in Fachzeitschriften folgende Bücher:
Erziehen lernen in tiefenpsychologischer Sicht (Bayerischer Schulbuchverlag, ⁴1974), Erziehen und Erzählen – Von Kindern und Märchen (Kreuz-Verlag, ⁴1974), Ermutigung zum Leben (Kreuz-Verlag, ³1974), Verhaltensstörungen bei Kindern (R. Piper & Co., ⁴1974), Mut zum Erziehen (Furche-Verlag, ⁶1974), Die Schulnöte unserer Kinder (Furche-Verlag, ⁵1974), mit B. Hassenstein u. G. Heinelt: Das Kind im Vorschul- und Grundschulalter (Herderbücherei ⁴1975), Ich reise für die Zukunft (Verlag Herder, ²1974), Ich will leben (Verlag Weisses Kreuz, ²1974), Ninive darf nicht untergehen (Verlag Weisses Kreuz, 1974), Wer paßt zu mir? (Verlag Weisses Kreuz, 1975).

Christa Meves

Freiheit will gelernt sein

Herderbücherei

Originalausgabe
erstmals veröffentlicht als Herder-Taschenbuch

1. Auflage April 1975
2. Auflage Mai 1975
3. Auflage Oktober 1975
4. Auflage März 1976

Inhalt

Einführung

Der Ruf nach mehr Freiheit ist in unserer Zeit vielstimmig geworden. Entfesselung von alten Tabus, Sprengung von starren Traditionen, Befreiung von Leistungszwängen unserer Gesellschaft, von der Reglementierung durch ein technisiertes, überorganisiertes Leben. Die Furcht vor Einschränkung und Abschnürung, vor unangemessener Anpassung, vor Zwang und Unterdrückung steht im Vordergrund des Bewußtseins der Menschen in der westlichen Welt heute.

Aber das Abwerfen beschränkender Fesseln führt nicht einfach automatisch in eine konstruktive Freiheit. Wer Beschränkungen aufhebt, muß wissen, daß Selbstbestimmung leicht als Schrankenlosigkeit mißverstanden werden kann. Wer seine Freiheit lediglich dazu benutzt, die eigenen Ich-Ansprüche auf Kosten der anderen und ohne Rücksicht auf sie auszudehnen, gerät bald in Konflikte mit seiner Umwelt und sich selbst. Er erweist sich damit als nicht reif zur Selbstverantwortung. Die Fähigkeit, Freiheit zu leben, ohne sie zu mißbrauchen und dadurch an ihr zu scheitern, setzt Wissen um Lebenszusammenhänge voraus. Denn erst ein solches Wissen kann dem Menschen seine Grenzen ins Bewußtsein rufen. Zu Wissen dieser Art möchte der vorliegende Band beitragen.

Die Verwirklichung des Frauenwunsches, sich aus dem Joch des Patriarchats zu befreien, hat zur Voraussetzung, daß sie ihre Lebenssituation klarer erfassen. Die Befreiung von der Herrschaft unserer Triebsphäre macht Kenntnis über ihre Gesetze, macht Kenntnis der Gefahren ihrer Wucherung, ihrer Möglichkeit zur Eigengewalt notwendig. Die Wahl eines Lebenspartners macht Wissen um Charakterstrukturen und die Voraussetzung zu Ehefähigkeit nötig, um Scheidungselend vorzubeugen.

Befreiung von Bevormundung muß einer Befreiung zur Verantwortung gleichkommen, wenn ein neuer seelischer Reifegrad erreicht werden soll. Man kann Kinder durch ein Unmaß an Freiheit überfordern, weil der Entwicklungsstatus, in dem Durchblick und Steuerung möglich werden, noch nicht besteht. Denn der sichere Umgang mit Freiheit setzt die Fähigkeit zum Verzicht, zu Gehorsam und Selbsterkenntnis voraus. Der seelisch und geistig echt mündige Mensch ist z.B. in der Lage, vorsichtig und behutsam zu fragen, ob das alte Gesetz wirklich entbehrt werden kann; denn er weiß, daß eine subjektivistische Froschperspektive ihm den Blick auf seinen Sinn verstellen könnte. Er hält es nicht leichtfertig für selbstverständlich, daß Vernunft und Verantwortung für sich und die anderen ihn allemal in seinen Entscheidungen bestimmen. Ihm ist im Bewußtsein, wie leicht die eigene Bequemlichkeit, das eigene Luststreben, der Ausbreitungsdrang seines Ichs seinen vernünftigen Willen außer Gefecht setzen können. Er kennt sich besser, als der Unmündige dazu in der Lage ist und erlebt manche ,,Fessel" dankbar als Schutz, dem er sich souverän und freiwillig unterstellt. Bereits an der Straßenverkehrsordnung läßt sich lernen: Sie ist notwendig, damit möglichst viele Verkehrsteilnehmer möglichst störungsfrei und unbehindert vorankommen können! Die Einsicht in solche Gegebenheiten ist der erste Grundstein, um in ein selbstgesteuertes Verantwortungsbewußtsein hineinzuwachsen. Mündigkeit dieser Art zu fördern, habe ich mir in der vorliegenden Schrift zur Aufgabe gemacht. Denn: Freiheit will gelernt sein!

Uelzen, im Januar 1975   Christa Meves

Arbeit macht das Leben süß

In der Sprechstunde sitzt ein ungleiches Paar vor mir: Vater und Sohn; der Ältere untadelig gekleidet, pelzbesetzter Mantel, korrekt geknoteter Schlips, tadellos gebügelte Hosen, blitzsaubere Schuhe; der Jüngere: dreckiges Buschhemd, zerschlissene Nietenhosen, fettige, herabhängende Haare, ein nur müde und mühsam sprießender Bart. Müde ist auch die Haltung des Sohnes mit vorgeschobenen, hängenden Schultern, straff und bemüht die des Vaters. Der Sohn nimmt trotz seiner schmalen Gestalt den Sessel breitflächig ein, ja auch den Platz darüber hinaus, indem er die Beine weit ausgestreckt hält; der Vater sitzt wie ein Befehlsempfänger, der auf seinen Abruf wartet, gespannt-aufmerksam nur auf der Kante des Stuhles. Schon nach wenigen Fragen meinerseits entspinnt sich eine der Kontroversen, wie sie das Leben von Vater und Sohn bestimmen und um derentwillen sie bei mir Rat suchen. Der Vater erklärt anklagend und verbittert, daß dieser sein Sohn sich für Arbeit als zu fein empfinde. Er habe den Besuch der Oberschule abgebrochen, einfach aufgehört mit der Begründung, daß die Lehrer doch nichts weiter vorhätten, als ihn zu einem dummen, ausgenutzten Esel dieser verdammten Leistungsgesellschaft zu erziehen. Er hätte sich einen Job gesucht, um sich „mit der arbeitenden Bevölkerung zu solidarisieren". Das habe er aber bald wieder aufgegeben mit der Begründung, daß er nicht daran dächte, diese Ausbeuterei mitzumachen. Seitdem liege er zu Hause herum, schliefe morgens bis elf Uhr und betätige sich dann, ohne feste Arbeitszeit, ohne eigentliche Anstellung, gelegentlich in einer linksradikalen Zeitung. Das sei doch einfach kein Leben! Der Sohn erwidert gelassen und angewidert, daß das Leben seines Vaters seiner Meinung nach auch kein Leben sei. „Wenn ich da mal so drüber nachdenke", sagt er, „morgens gehst du um sieben Uhr aus dem Haus, meistens nimmst du dir nicht mal die Zeit für dein geliebtes Marmeladenbrötchen, allenfalls reicht's zur Zigarette im Auto. Mittags kommst du meistens zu spät zum Essen, so zwischen zwei und drei Uhr, dann geht es gleich wieder los, von Geschäft zu Geschäft. Wann kommst du mal *nicht* bei Nacht und Nebel nach Hause? Wann sitzt du mal *nicht* am Wochenende über deinen Papieren? Wann hast du zum letztenmal Urlaub gemacht? Wann haben wir dich jemals wirklich bei uns gehabt, ohne daß du dich nicht irgendwie hektisch um dich selbst drehtest?" Der Vater braust auf: „‚Um sich selbst drehen' nennst du das? Was habe ich mit meiner Hände Arbeit nicht alles für euch geschaffen! Meinst du, diese Wohnung, dieser Lebensstandard ist uns in den Schoß gefallen? Wir hatten doch nach dem Krieg nichts als ein Trümmerfeld. Ohne unsere gewaltige Anstrengung wäre da nichts Neues entstanden. Und im übrigen: Ich habe das Gefühl, daß ich mit meiner vielen Arbeit im Grunde viel zufriedener bin als du mit deiner ewigen Gammelei, die macht dich doch von Tag zu Tag nur übellauniger!" Der Sohn kontert: „Du und zufrieden – das bildest du dir doch nur ein, du läufst doch bloß vor all deinen Konflikten weg, schmeißt alles mit Arbeit zu, und wir können sehen, wo wir bleiben!"

Harte Gegensätze. Wer hat recht? Wie läßt sich hier vermitteln? Wir können das gewiß nur, wenn wir uns zunächst in bezug auf das Problem Arbeit um einen Standpunkt bemühen. Ich will versuchen, das aufgrund meiner Praxiserfahrung mit Hilfe der folgenden Gedanken zu tun.

Ich mache in der Praxis die Erfahrung: Im allgemeinen hat die Arbeit für den Menschen einen positiven Stellenwert. Ein Mensch, der ausdauernd arbeiten kann, zeigt, daß er eine gewisse seelische Stärke hat, die sich auch in vielen anderen Bereichen des Lebens fruchtbar erweist. Seelisch schwache, verstörte, stark beeinträchtigte Menschen sind grundsätzlich dadurch gekennzeichnet, daß sie unfähig sind, ihre Arbeit so durchzuführen, daß das jeweilige Ziel erreicht wird. Ist aber die Arbeitunfähigkeit erst einmal ganz manifest geworden, so verstärkt sich das Kranksein, weil der Mensch ohne Tätigkeit rasch zusätzlich unglücklich und mißgelaunt wird.

Umgekehrt mache ich die Erfahrung: Kann der Kranke mit Hilfe zunächst kleiner, leichter Betätigungen erst einmal wieder in die Aktivität gelockt werden, so entwickelt sich daraus ein zusätzlicher Hilfsmotor, der die Kräfte steigern hilft und zur Genesung beiträgt. Der Mensch ist ursprünglich anscheinend auf Arbeit hin angelegt; sonst würde ihn eine abgeschlossene Aufgabe nicht mit Freude und Befriedigung belohnen, sonst würde ihn „Gammeln" nicht so eindeutig negativ verstärken.

Jeder Mensch kann das an einer einfachen Gegebenheit nachprüfen, und ich pflege manchem Jugendlichen in meiner Praxis per Experiment zu dieser Einsicht zu verhelfen: Setzen wir uns über einige Monate in die totale Passivität, so nehmen Unlust und Mißlaunigkeit immer mehr zu. Das ist eine Erfahrung, die sich statistisch nachprüfen läßt: Leben ohne eine positive, sinnvolle Tätigkeit ist extrem selbstmordgefährdet. Deshalb nehmen sich auch viel weniger Arme das Leben; gerade unter den Reichen gibt es viele, die, laut Statistik, des Lebens so überdrüssig sind, daß sie keinen anderen Ausweg mehr wissen, als sich in den Orkus zu schicken.

Diese Erfahrung, daß eine konstruktive Betätigung für den Menschen geradezu not-wendig ist, läßt sich sogar in seinem biologischen Bereich, im Bereich der Antriebe, nachweisen. Sowohl bei Tieren wie bei Menschen kann man experimentell nachweisen: läßt man sie das Ziel lebensnotwendiger Antriebe, zum Beispiel Sättigung, konstant erreichen, ohne daß sie sich dabei betätigen müssen, so tritt zwar physische Beruhigung, aber psychisch keineswegs Befriedigung ein. Hunde zum Beispiel, denen man die Nahrung durch eine Sonde einflößte, begannen danach suchtartig an den Pfoten zu saugen. Die Antriebsspannung war anscheinend nicht vollständig durch die Sättigung eingetreten, sondern bedurfte weiterer Betätigung, die aber nicht zur totalen Zufriedenheit führte, denn offenbar gehört das Tun, hier das Saugen, in einen Zusammenhang, eben mit hinein in den Vorgang jenes Zieles, das dem Mangelzustand und der damit verbundenen Unlust ein Ende setzt. (Nähere Ausführungen darüber in: Ch. Meves, Verhaltensstörungen bei Kindern, Verlag Piper, 1974, S. 24 ff.) Aus Erfahrungen dieser Art läßt sich ein allgemeines psychologisches Gesetz ableiten: Die Arbeit muß im Dienst eines Zieles stehen, das für das Leben des Menschen notwendig ist, dieses Leben fördert und stärkt.

Anscheinend ist es nun so, daß der Mensch einerseits biologische Antriebsziele hat, die dem Wachstum und der Erhaltung seines Leibes und dem seiner Art dienen, andererseits gibt es für ihn – offenbar für ihn allein unter den Lebewesen – Antriebsziele, die im Dienst geistig-seelischer Aufgaben, der Steigerung und Ausdifferenzierung des Lebens stehen. Die Dominanz der Ziele wechselt innerhalb des Entwicklungsprozesses, ist eng verflochten mit Lebensalter und körperlichem Status. Dennoch gibt es hier nirgendwo Willkür oder gar Selbstbestimmung des Menschen – es sind in den einzelnen Phasen seiner Entwicklung für den einzelnen Abschnitt bestimmte Ziele geradezu „vorgeschrieben". Werden sie (meist aus Unwissenheit, Instinktlosigkeit oder Fehlinformation) nicht erreicht, so kommt es zu Störungen, Kurzschlüssen, zu seelischen oder körperlichen Erkrankungen, die den Menschen auf die Stufe festklammern können, in der der Schaden entstand. So gehört es zum Beispiel zu den Zielen der Lebensmitte – etwa vom fünfunddreißigsten Lebensjahr ab –, die auf äußere Ziele gerichtete Arbeit jetzt auch auf innere zu wenden. Um diese Zeit ist meist ein beruflicher Status erreicht, eine Familie gegründet. In dieser Zeit muß *nachdenkliche* Arbeit geleistet werden, müssen aus den Lebenserfahrungen Schlüsse gezogen werden, muß Fragen über den Sinn des Lebens mit Anstrengung nachgegangen werden. Ganz besonders die Arbeit in diesem Lebensbereich bringt guten Lohn, macht gelassener und gibt die Möglichkeit, Pensionierungskrisen und Altersbresthaftigkeit zu bestehen.

Wir können also konstatieren: Arbeit macht in der Tat „das Leben süß", bringt ein Gefühl der Befriedigung und Erfüllung hervor, wenn sie dazu geführt hat, daß ein Ziel erreicht wurde, das für den Menschen lebensnotwendig ist. Nur gehört es eben zu der Eigenart des menschlichen Lebensaufbaus, daß ihm in den einzelnen Altersstufen verschiedene, wechselnde Aufgaben zufallen. Zwar bleiben, wie zum Beispiel beim Nahrungsbedürfnis, die Notwendigkeiten weiter bestehen, aber sie verlieren ihre Dominanz. Anderes, Neues, Wichtigeres steht im Vordergrund und will mit Anstrengung bewältigt sein, während die alten Fertigkeiten nur noch eine begleitende, stärkende, den Unterbau bildende Funktion haben. So müssen wir auch jenseits unserer Lebensmitte immer noch unseren Körper ernähren, aber das wird bei einem voll entwickelten, seelisch und geistig ausgereiften Menschen in dieser Altersstufe Nebensache. Aufgrund seiner Erfahrungen der ersten Lebenshälfte jetzt mit Hilfe geistiger Besinnung nach dem Sinn seines Lebens zu suchen, nicht nur die horizontale Welt des Sichtbaren, sondern auch seine eigene vertikale, die einer religiösen, geistigen Wirklichkeit aufzubauen, wird dann dringlich.

Und hier liegt nun die wenn auch unangemessen vorgetragene, aber berechtigte Kritik des Sohnes an seinem Vater, die der Filius zwar dumpf empfindet, aber aufgrund seines Alters noch nicht klar im Bewußtsein haben kann: er empfindet, daß der Vater nicht seiner Altersstufe gemäß arbeitet; er erlebt, daß der Vater mit der Arbeit jetzt Mißbrauch treibt. Der Vater hat ganz gewiß recht mit seinem Argument, daß das Leben nach 1945 überhaupt erst einmal wiederaufgebaut werden mußte, er hat recht mit seinem Vorwurf, daß es zur Aufgabe eines jungen Erwachsenen gehört, sich eine Position zu erarbeiten, seinen Platz in dieser Welt auszubauen, und daß auch durch ein schrankenloses Gammlerideal am Leben vorbeigelebt wird – oft nur mit einer Scheinmotivation, oft nur weil es den Jungen zu mühevoll erscheint, die Durststrecken der Aufbaujahre auf sich zu nehmen..

Aber der Vater sieht nicht, daß ihm im Vollziehen all dieser Aufgaben der jungen Erwachsenenjahre die Arbeit in einer unheilvollen Weise zum Selbstzweck geworden ist, daß das Rotieren im Beruf schließlich ebenso ein Ausweichen wird vor den Aufgaben der zweiten Lebenshälfte, die dringend in Angriff genommen werden müssen – nicht nur für den einzelnen, sondern auch mit Hilfe der Leistung einzelner für die Gesamtheit. Diese Verantwortung ist heute doppelt groß, weil hier zu vieles in bedenklicher Weise im argen liegt, weil insgesamt so wenig Arbeit auf dieser Ebene geleistet wurde, daß zum Beispiel so etwas Gefährliches wie der Leistungsprotest der Söhne entstehen konnte.

Warum arbeiten so viele tüchtige Väter und Mütter so im Übermaß, bis zur totalen Erschöpfung, oft auch bis zum viel zu frühen Verschleiß? Viele von ihnen sind in den Sog des Geldverdienens geraten. Diese Generation, die die Zertrümmerung ihrer Welt erlebte, die 1945 vor dem totalen Nichts stand, war nur allzu gefährdet, die Hochblüte des Wirtschaftswunders als einen Rausch zu erleben, als einen Goldregen, der immer mehr Verdienstmöglichkeiten abwarf, immer mehr Anschaffungen möglich machte, die dieser Generation in jungen Jahren vorenthalten waren. Es ist nur allzu verständlich, daß viele Angehörige dieser Generation in ihrem Nachholbedarf steckenblieben. Ich habe darüber hinaus in meiner Praxis eine große Zahl von Vätern erlebt, denen die Arbeit (ohne daß sie das selbst erkannten) als Betäubung diente. Viele dieser Männer waren durch ein hartes Kriegsschicksal gegangen, der Glanz soldatischen Heldentums und das fürchterliche Elend demütigender Gefangenschaft über Jahre bildete ihren Lebenshintergrund. Sie hatten es geschafft, wieder ein bürgerliches Leben zu führen, aber nicht, dieses Erleben geistig zu verarbeiten. Die Wunden der zertrümmerten Ideale, für die sie bereit gewesen waren, ihr Leben hinzugeben, waren zu tief, bewirkten eine seelische Lähmung, an der die Frage „Wozu dies alles?" abprallte. Die Sinnfrage wurde angesichts dieser innerseelischen Lage nicht beantwortet; man resignierte vor ihr und verdrängte sie infolgedessen. Denn wenn diese Väter nachzudenken begannen, so fühlten sie Hoffnungslosigkeit, Kälte, Leere, Antwortlosigkeit in sich aufsteigen. Vor ihnen flohen sie in das Übermaß der Arbeit, erlebten wohltuend ihren betäubenden Charakter, erlebten jeden Urlaub, jeden Sonntag als Gefährdung ihres im Grunde so labilen Gleichgewichts. Viele dieser Manager wurden dann aber dennoch von der Depression eingeholt, der sie zu entfliehen suchten: eine erstaunliche Zahl gerade der ehemaligen „Helden der Nation" begeht in den siebziger Jahren Selbstmord – ohne äußeren Grund, ohne eine äußerlich bedrängende Lebenssituation! Eine weitere Zahl bricht zwischen dem fünfzigsten und sechzigsten Lebensjahr mit einem Herzinfarkt zusammen. Schon lange war ihr Arbeitsleben viel zu hektisch geworden.

Nicht nur Anzeichen dieser Art kennzeichnen, daß hier ein Notstand vorhanden ist, der uns hellhörig machen muß: Der offene massive Protest der Söhne gegen die Väter, ihr Arbeitsstreik ist ein weiteres alarmierendes Signal. *Beiden* muß geholfen werden, den Vätern und den Söhnen. Wird die Lebensweise eines Menschen allein durch seinen Protest gegen eine seinen Möglichkeiten abträgliche Umwelt bestimmt, so führt das auf die Dauer in eine Sackgasse, die den Rachsüchtigen schließlich selbst trifft. In bezug auf unser Beispiel bedeutet das: Bleibt der Sohn im Protest gegen die stagnierende Arbeitssucht des Vaters stecken, so verpaßt er selbst bereits die Verwirklichung der Aufgaben des frühen Erwachsenenalters und wird dann durch die schnell einsetzende reaktive Depression noch viel weniger in der Lage sein, an den Startpunkt der späten Mannesjahre überhaupt zu kommen. Im schleichenden Selbstmord betäubungssüchtiger Lebensweise ist er bis dahin längst körperlich ruiniert. Allein um das zu verhindern, hat der Vater also den Mut zum Sonntag, den Mut dazu, den Feiertag wieder zu heiligen, dringend nötig. Den Feiertag heiligen, das heißt nicht, den Arbeitstag mit neuer Hektik, wildem Autofahren, großen Geselligkeiten, lauten, betäubenden Vergnügungen zu vertauschen. Den Feiertag heiligen, das heißt, sich durch Besinnung, durch Stille, durch Hinhorchen zu erinnern, woher wir kommen und wohin wir gehen. Den Feiertag heiligen heißt Bilanz ziehen, nicht nur in bezug auf den materiellen Verdienst, sondern auch in bezug auf Sinn oder Unsinn des Lebens in der vergangenen Woche. Eine Haltung des Fragens und Offenseins dieser Art bringt bald gute Frucht. Sie öffnet für die Stimmung der Dankbarkeit, öffnet für die Fähigkeit des Unterscheidens von wesentlichen und unwesentlichen Dingen, bereitet für den Zugang zu dem großen Geheimnis hinter unserer Welt des Sichtbaren vor, gibt Verbindung mit unserer Heimat, mit Gott.

Es ist nötig, daß wir spätestens jenseits unserer Lebensmitte aufgrund des Nachdenkens über unsere Erfahrungen Bewußtsein über diesen Zentralbereich unseres Lebens entwickeln. Denn sonst können wir das Maß für unsere Aktivitäten nicht dieser Altersstufe entsprechend neu festlegen.

In unserem ersten Lebensjahr arbeiten wir, um uns über das Saugen zu ernähren, um zu wachsen. In der Kleinkinderzeit arbeiten wir, um Weltbewältigung zu lernen. In den Schul- und Lehrjahren arbeiten wir zunächst für den Lehrer, später für den Aufbau unserer selbständigen Existenzgrundlage. Im jungen Erwachsenenalter arbeiten wir für das Nest, um unseren Beitrag an der Zukunft, an der Erhaltung der Art zu leisten. Dies bleibt Grundlage, wenn sich jenseits der Lebensmitte die Prioritäten durch das Erreichen einer neuen Bewußtseinsstufe verschieben, durch die Erkenntnis, daß wir gar nicht für uns arbeiten, sondern im Dienst der Schöpfung stehen. Dieser Dienst läßt uns wissen, daß der Sonntag, der Feiertag, der Festtag ebenso wichtig, ja wichtiger ist als der Alltag, daß das Gespräch mit den Heranwachsenden, daß das Sein in der Familie, das Mühen um eine seelische Beziehung zu den Menschen der Umgebung eine viel größere Bedeutung bekommt, daß jedenfalls *die* Arbeit den Vorrang bekommt, die dazu beiträgt, daß die Schöpfung in der Zukunft erhalten bleibt und sich durch unsere Mitarbeit in einer aufbauenden Weise differenziert. Erst solches Aufgabenbewußtsein schafft die Voraussetzung zu echter, zu mündiger Freiheit.

Daß Arbeit das Leben süß macht, werden Jugendliche nicht

annehmen können, wenn sie sehen, daß ihre Väter mit ihrer Art, zu arbeiten und Überstunden zu machen, in eine Sackgasse geraten sind. Verweigern aber die Jungen angesichts dieser Lage den Entwicklungsschritt zur Ausbildung ihrer Begabungen, zur Entwicklung eines Lebensberufes, lassen sie sich gar noch indoktrinieren von destruktiven Parolen über die „ausbeutende Leistungsgesellschaft", dann ist die Zukunft gefährdet. Denn so wie wir unseren Geist nicht entfalten können, ohne unseren Körper sorgsam zu pflegen, so können die geistigen Ziele der Schöpfung nicht entfaltet werden, wenn nicht eine breite Mehrheit bereit ist, den Lebensunterhalt der Gesellschaft zu verdienen und zu bestreiten. Die durchhaltende Fähigkeit dazu kann der jungen Generation nur dadurch erwachsen, daß sie erfährt, daß ihre Eltern sich fest an ihren Lebensauftrag gebunden fühlen und versuchen, altersgerecht und in bewußter Verantwortung daran mitzuwirken, daß die Welt erhalten bleibt und menschlicher wird, so menschlich schließlich, daß die Liebe allein in ihr regiert.

Wie also ist Vater und Sohn zu helfen? Der Vater muß lernen, die resignierte Verzweiflung über die Entwertung aller Werte nicht mehr zu verdrängen und mit beruflicher Überbürdung zu betäuben. Auf dem Boden des bewußten Annehmens des Zweifels und der Not können ihm neue, konstruktive Wege wachsen, die es ihm möglich machen, neue Wertungen und Maßstäbe zu entdecken.

Der Sohn muß lernen, daß weder durch Verweigern der Arbeit noch durch Zerschlagen der Leistungsgesellschaft die Welt besser wird, daß es böse Demagogen sind, die seiner Mutlosigkeit und Bequemlichkeit Scheinmotivationen bieten, wenn sie behaupten, diese Welt könne ohne den Einsatz der vielen einzelnen bestehenbleiben. Ihm muß bewußt werden, daß Arbeit in der Tat das Leben süß macht unter der Voraussetzung, daß wir zur rechten Zeit das unserem Lebensauftrag gemäße Sinnvolle und Weiterführende tun.

Zu einer solchen Erkenntnis gehört, daß wir uns nicht zu fein, zu klug oder zu weise dünken, im kleinen zu beginnen. Nur wer so bescheiden ist, zuerst das Nächstliegende zu tun, kann schließlich die Türme erklettern, von denen aus mehr zu sehen und zu wirken ist als aus der Froschperspektive. Aber nur dem, der nie nachläßt, sich zu mühen, winkt solch „süßes" Ziel.

Erziehung zur Kritikfähigkeit

Eine eigenartige neue Blüte ist auf dem Feld der Pädagogik unter der sorgsamen Pflege mancher Kultusministerien in bundesdeutschen Ländern aufgegangen. Sie heißt „Konfliktpädagogik". Sie hat vor allem ein Ziel: das Mißtrauen der Schüler gegen den Staat, die Schule, die Lehrer, die Eltern und Lehrherren zu wecken und zu erspüren, wo in diesen Personen oder Institutionen „Herrschaftsstrukturen" erkennbar werden, die angeblich das versteckte Ziel haben, den jungen Menschen so früh wie möglich zu einer Fremdbestimmung, bösen Manipulationen, zum kadavergehorsamen Untertanen fehlzuentwickeln und zu mißbrauchen. Durch Kritik an deren Verhalten soll das Kind so bald wie möglich solche Verfolgungsabsichten sehen und entlarven lernen und auf diese Weise vorbereitet werden, mit mutigem Ungehorsam und scharfsinniger Kritikfähigkeit den Weg in eine bessere Zukunft, in die Welt der echten Volksregierung aller mündig gewordenen Bürger anzutreten.

Es ist nicht schwer, zu erkennen, welches Philosophen Geist des frühen 19. Jahrhunderts bei dieser Vorstellung Pate gestanden hat – es ist auch leicht, zu durchschauen, daß hier ein partielles Urphänomen, nämlich der Mißbrauch von Macht, angeprangert wird und die Angst vor ihm zu einem pädagogischen Kontrollsystem ausgearbeitet werden soll. Aber es ist ebenso erstaunlich wie befremdlich, daß diese Angst undifferenziert zu einem verallgemeinerten System der Verneinung, der Ablehnung, ja der Diffamierung aller jener Wirkkräfte führen will, die etwas mit der Erziehung des Kindes zu tun haben. Das Mißtrauen gegen die Fremdbestimmung tritt so sehr in den Vordergrund, daß die *positive* Funktion von Familie, Elternhaus, Schule und Staat schließlich gar nicht mehr in Erscheinung tritt und selbst für die eifrigen Verfechter der „Systemveränderung" keinerlei pädagogische Bedeutung mehr zu haben scheint.

Die psychische Verfassung, die in einer solchen Weltsicht zum Ausdruck kommt, stimmt bedenklich. Einem einzelnen Menschen, der in jeder Handlung eines anderen mißtrauisch Manipulationsabsichten vermutet, der gar meint, von seiner Umwelt unentwegt mit fremdbestimmenden Absichten verfolgt zu werden, obgleich de facto alle Möglichkeiten zur Handlungsfreiheit bestehen, würden wir die Beratung durch einen Spezialarzt anempfehlen. Wenn staatliche Institutionen in einem liberalen demokratischen Rechtsstaat per Verordnung einer solchen Geisteshaltung zur Verwirklichung verhelfen, muß man bange fragen, ob die Verordner allzu genau oder dumpf-irrational allzu ungenau wissen, was sie tun; denn die, die *sehr* genau wissen, was sie tun, stehen im Dienst der imperialistisch-kommunistischen Idee und tun – mit Hilfe von Verordnungsmacht und Manipulationsstrategie – genau das, wovor sie die Bürger der Zukunft angeblich retten wollen. Die dumpf Agierenden aber verallgemeinern meist subjektiv Erfahrungen mit dem Mißbrauch von Macht aus ihrer eigenen Kindheit. Mit der realen Situation der Schüler von heute, mit der pädagogischen Verantwortung für sie hat beides wenig gemein.

Unsere Erfahrungen in der Vergangenheit in bezug auf die Manipulierbarkeit eines zum Kadavergehorsam erzogenen Menschen müssen uns zwar hellwach sein lassen gegen jeden Mißbrauch von Macht – vor allem in der Erziehung. Aber Erfahrungen dieser Art haben im Nachkriegsdeutschland auch bereits einen breiten Niederschlag gefunden. Noch vor dreißig Jahren, so berichtet zum Beispiel die Psychoanalytikerin Annemarie Dührssen, hatte die Mehrzahl der nach ihrem Erziehungsziel befragten deutschen Eltern die Vorstellung, es sei die Hauptsache, die Kinder zum Gehorsam zu erziehen. Ich stelle diese Frage ebenfalls seit Jahren an Eltern, die zu mir in die psychagogische Praxis kommen: Bereits in den sechziger Jahren antworteten immer mehr Eltern: ihr Ziel sei, daß die Kinder frei und selbständig würden. Die Erziehung zum Gehorsam ist längst nicht mehr „in". Sie wird von flexiblen Eltern in zunehmendem Maße abgelehnt. Wie wenig diese Prämisse als oberster Grundsatz noch Gültigkeit hat, ist daran zu erkennen, mit wieviel ungeheuerlicher Ernsthaftigkeit im letzten Jahrzehnt unter den bundesdeutschen Eltern die Diskussion darüber entbrannt ist, ob es zu verantworten sei, den Sprößlingen überhaupt noch irgendeine kleine äußere Grenze zu setzen, oder ob man durch dergleichen Einwirkung nicht etwa einen aggressiven Charakter als „Reaktion auf Frustrationen" erzeuge. Das bundesdeutsche Kind von heute hat keineswegs mehr die gleichen Probleme wie die Herren Verordner sie selbst noch als Kind gehabt haben mögen: daß man schüchtern-zaghaft, superbrav und übergefügig ist, daß man vor lauter gelernten, manchmal in der Tat eindressierten Ja-Sagereien das Nein-Sagen zur rechten Zeit nicht gelernt hat und nun a) in seiner Durchsetzungsfähigkeit gehemmt ist und b) schließlich sogar seine Seele an einen indoktrinierenden verbrecherischen Diktator verkauft.

Die Kindergeneration von heute brauchte im Gegensatz zu der von gestern nicht zum Ungehorsam ermuntert zu werden: sie ist es ohnehin durch die Erziehung zur Selbständigkeit in reichlichem Maße. Unsere Kinder werden von ihren Eltern im allgemeinen mit erheblicher Toleranz, ja oft mit einer Langmut, die an Masochismus grenzt, zu jeder Form von Unmutsäußerungen, von Widerstand und Widerworten angehalten, so daß es eines Schulfachs zur funktionalen Verstärkung dieser Möglichkeit keineswegs bedürfte. Ja, vielfach werden die Kinder durch die nur schwach ausgebildete Bindung an ihre voll berufstätigen Eltern und durch unzureichende Ersatzpflegemaßnahmen generell zu Nein-Sagern, zu ohnehin Mißtrauischen statt Vertrauensvollen, zu Einsam-Isolierten in einer sie nicht bindenden Gruppe, zu Kindern, die sich häufig zwar nur mühsam auf den Schulstoff konzentrieren, die aber eines bereits vom ersten Schultag an können: den Lehrer blöd finden, die Schule doof und die Schularbeiten als etwas, das vielleicht irgendwer machen mag, aber nicht sie. Ich will damit sagen: Unser Erziehungsstil züchtet heute ohnehin in einem übersteigerten, nicht wünschenswerten Maße den Nein-Sager um jeden Preis. Nein-Sagen um jeden Preis ist aber nur teilweise der Ansatz und die Voraussetzung zu gesunder Kritikfähigkeit und Urteilskraft – ist in vielen Fällen leider das Symptom unzureichender, unbekömmlicher Frühpflege solcher Kinder.

Es ist ebenso tragisch wie grotesk, daß man diesen Trend durch die „Konfliktpädagogik" der Schule verstärkt statt abschwächt; denn während die Generation von gestern zu stark gebunden war und durch die Schuldressur darin übersteigert verstärkt wurde, sind die Kinder von heute zu ungebunden und damit oft orientierungslos und werden durch den zur Debatte stehenden pädagogischen Trend in der Gegenrichtung übersteigert verstärkt. Was hat das für Auswirkungen? Kinder dieser Art sind oft schon als junge Grundschüler unerträglich altklug. Sie reden über alles und jedes in den kompliziertesten Fremdwörtern. Sie haben über alles eine Art Urteil, ohne meist vom zugrunde liegenden Sachverhalt auch nur das geringste zu ahnen oder gar einen Durchblick zu haben. Kritisieren, Verneinen, Verurteilen, Sich-Mokieren wird zum funktionalen, peinlich unkindlichen Verhaltensstil. Das wäre nicht schlimm, wenn nur die „Alten" daran Anstoß nähmen. Aber diese durchgängige Erziehung zu Mißtrauen und Verneinung blockiert in einer erschreckenden Weise die echte Bildsamkeit und Lernfähigkeit der Kinder und Jugendlichen. Warum soll man noch etwas aufnehmen, wenn man hochnäsig doch alles besser weiß und tief davon durchdrungen ist, daß der Bildungsinhalt auf jeden Fall mehr oder weniger unsinnig, unwert oder gar böse ist? Warum soll man etwas von Menschen annehmen, die man zu verachten und mißachten gelernt hat? Verachtung dieser Art liegt beim laufen lassenden Erziehungsstil ohnehin in der Luft; denn schon die jungen Kinder mißverstehen die allzu Toleranten als gleichgültig und als lieblos und verhöhnen sie deswegen geradezu automatisch. Werden Stimmungen dieser Art aber vom Grundschulalter ab im Schulunterricht systematisch mit inhaltlichen Argumenten gefüllt, so gibt es in der Fehlentwicklung zum Totalitarismus der Verneinung kein Halten mehr. Treten die Menschen so vorbereitet in die Pubertät, wo mit dem Ausschütten des Sexualhormons Testosteron im männlichen Geschlecht auch der aggressive Impuls zur verordneten Ablösung aus den kindlichen Bindungen enorm gesteigert wird, so ist er praktisch fertig – der Bombenleger, Kaufhausbrandstifter, der „Revolutionär um jeden Preis". Nur eine Hoffnung bleibt hier: daß die Indoktrination zum Haß so massiv, so gewaltsam, so ungeschickt diktatorisch erfolgt, daß eine Umkehr der Opposition einsetzen kann und die Saat in der Ernte von den Jugendlichen als das erkannt wird, was sie ist: nämlich Indoktrination zur Fremdbestimmung. Hoffen wir also, daß der Schuldruck dieser Richtung kräftig genug ist – nur so haben wir die Chance, daß die Jungen aufbrechen zu eigenständiger Konterrevolution, die ihnen den Weg in die so erhoffte Freiheit bringt.

Freiheit kann es nur geben, wenn sie nicht Anarchie bedeutet, sondern den jungen Menschen an ihren negativen Erfahrungen die Einsicht vermittelt, daß Verwirklichung von Freiheit einige unabdingbare Voraussetzungen hat: zu erkennen und anzunehmen, daß die Institutionen Familie, Schule und Staat beschützende, bergende und fördernde Institutionen sind. In diesen Institutionen erfährt der Mensch in seiner Jugend so viel altersentsprechende Bergung, so viel seelischen und existentiellen Schutz, so viele Bildungschancen charakterlicher und intellektueller Art, daß er geistig und seelisch kräftig genug wird, um sich zu personaler Eigenständigkeit und Urteilsfähigkeit entfalten zu können. Auf dem Weg zu diesem Status braucht er die, die vor ihm gehen, die Eltern, Lehrer, Staatsmänner, als Orientierungsmarken, als Vorbilder im wahrsten Sinne des Wortes. Das Bedürfnis nach Vorbildern ist für den Menschen so elementar, daß er sie geradezu suchtartig irgendwo zu suchen beginnt, wenn sie für ihn nicht vorhanden sind oder wenn man sie ihm durch „Konfliktpädagogik" vermiest. Die Identifikation mit diesen Vorbildern ist eine der stärksten Motivationen zu Nachahmungseifer und Lernbereitschaft. Unter dieser Schutzglocke kann die notwendige Wissensbreite anwachsen, die eine nicht fortzudenkende Voraussetzung zur Entstehung von echter Urteilsfähigkeit und Urteilskraft ist. Nur der Mensch, der an Vorbilder gebunden war, kann sich im Jugendalter in den Lösungsprozessen von ihnen Konstruktives und Realitätsgerechtes zur Weltverbesserung einfallen lassen, wie es zur Aufgabe jeder jungen Generation gehört. Urteilsfähigkeit hat etwas mit Reife und Bildungsstand zu tun. Es kommt zu grotesken Aufblähungen, wenn man hier Verfrühungen praktiziert. Nur über die Identifikation mit Vorbildern kann der Mensch jenen reifen Stand des „mündigen Bürgers" erreichen, in welchem er sich verantwortlich fühlt für die eigene Familie, die Schule, seine Kinder, für den Staat, in dem er lebt. Und erst aus dieser gelebten Verantwortung ersteht ihm allmählich im Erwachsenenalter die Berechtigung zu wacher, konstruktiver, kritischer Mitbestimmung, die das Maß unserer Freiheit realitätsgerecht erhöht.

Hurra – wir werden weniger!

Ein junges Ehepaar sitzt mir gegenüber; es sucht aufgrund einer langjährigen Bekanntschaft freundschaftlichen Rat. Er (35) ist Abteilungsleiter, sie (33) ist Chefsekretärin im gleichen Industriekonzern. „Erika und ich sind hoffnungslos zerstritten", sagt der Mann. „Ich möchte gern Kinder haben, wenigstens eins, und meine, wir können damit schon unseres Alters wegen nicht länger warten. Aber Erika schiebt diesen meinen Wunsch einfach beiseite. Wir sind jetzt sieben Jahre verheiratet, und immer gab es irgendeinen Grund zum Aufschub: zuerst brauchten wir eine größere Wohnung, dann bessere Möbel, dann einige schöne, lange Urlaubsreisen; dann trat eine Weile die kranke Mutter in den Vordergrund – und nun da alle diese ja höchst gewichtigen Gründe wegfallen, sagt sie auf einmal, sie habe es sich überlegt, es sei in ihrer Lage das vernünftigste, überhaupt keine Kinder zu haben. Ich finde das unfair. Wir haben unter der Voraussetzung geheiratet, eine Familie zu gründen. Und nun nimmt sie einfach die Pille und macht Geburtenkontrolle nach eigener und alleiniger Regie."

„Das ist doch die reinste Nötigung", grollt dagegen Erika. „Heinz will nur ein Feierabendspielzeug haben. Aber mich kostet das einfach einen zu hohen Preis. Wer trägt ihn denn aus, den ‚Stammhalter', wer kriegt den dicken Bauch und verliert die Figur – er oder ich? Wer muß dann den Beruf aufgeben und das Kind versorgen – er doch wohl nicht; davon ist jedenfalls nicht die Rede. Ich habe eine sehr gute Stellung, einen verträglichen Chef, ich habe eine Wohnung, mit der ich nicht viel Arbeit habe. Ich kann mich von meinem Gehalt modisch und elegant kleiden, ohne Heinz fragen zu müssen, ob ihm das zu teuer ist. Und das soll ich alles aufgeben? Früher habe ich das ja nicht so übersehen, aber nun beobachte ich, wie es in den Familien meiner Schwestern und meiner Freundinnen aussieht – katastrophal! Entweder sie sitzen bei ihren Kindern und sind muffig, weil sie soviel entbehren müssen, oder sie versuchen neben der Kinderwirtschaft zu arbeiten – und das klappt ebensowenig. Die Kinder sind ekelhaft frech und unaromatisch und die Wohnungen ständig unordentlich, nirgendwo ist die gepflegte Gemütlichkeit, die ich einfach brauche, sie ist bei denen längst futsch. Es lohnt sich heute einfach nicht mehr, Kinder zu haben. Was weiß ich, woran das liegt. Früher fand ich es ja selbst erstrebenswert, aber heute muß man sich doch wirklich fragen, wozu manche Frau zehn oder gar mehr Jahre für das Aufziehen der Kinder opfert. Bekomme ich denn je *diesen* Chef wieder? Bekomme ich überhaupt noch mal solch eine Position? Das ist alles weg, wenn man ausgestiegen ist. Außerdem: Wie unsicher ist das Leben jetzt geworden, bei dieser Inflation, bei dieser Bedrohung durch Atomkriege und Wirtschaftskrisen. Es gibt doch Wissenschaftler, die wissen, daß wir bereits im Jahre 2016 eine derartige Überbevölkerung haben werden, daß furchtbare Hungersnöte drohen, weil die Erde für eine solche Explosion von Menschenmassen nicht ausreicht."

„Mit solchen hochtrabenden Argumenten kommt sie dann", sagt Heinz bitter und ironisch. „Das sind doch nur faule Ausreden. Bevölkerungsexplosion! Bei uns gibt's die jedenfalls nicht. Ich habe gelesen, daß die Familien in Westdeutschland 1971 noch 2,6, 1974 nur noch 1,8 Kinder hatten. Bei uns geht es doch abwärts mit den Geburten – und warum? Weil die Frauen zu Dutzenden so denken wie die meine. Wer soll uns denn eigentlich im Alter versorgen, wenn es dann gar keine jungen Menschen mehr gibt? He, Erika, willst du dann in irgend so ein liebloses Altersheim? Wirklich für die Alten sorgen, das tun doch nur die eigenen Kinder!"

„Das taten sie früher vielleicht", kontert Erika. „Guck sie dir doch an – den Onkel Ernst und Tante Friederike. Was haben die nun von ihren prächtigen Kindern? Die haben sie einfach abgeschoben und gehen ihren Vergnügungen nach. Glaubst du, daß *diese* Jugend, die so auf ihre Rechte bedacht ist, noch so etwas wie Dankbarkeit und Verpflichtung kennt?"

„Das kommt doch ganz darauf an, wie du sie erziehst", sagt Heinz. „Aber wenn ich keine Lust habe zu erziehen?" kontert Erika. „Kannst du dir nicht denken, daß dann sowieso nichts dabei herauskommen kann?"

Auseinandersetzungen dieser Art finden heute zwischen Ehepaaren immer häufiger statt. Nicht immer ist es die Frau, häufig wünscht sich auch der Mann eine kinderlose Ehe, und gar nicht einmal selten sind sich die Paare darin einig, in diese windige Welt keine Kinder setzen zu wollen. In Westdeutschland haben Ansichten dieser Art die größte Häufigkeit. Die Bundesrepublik Deutschland steht unter den Staaten der Erde im Hinblick auf den Bevölkerungsschwund an erster Stelle. Von 1969 bis 1971 verzeichnete man bei uns zwar noch einen Geburtenüberschuß, aber nur dank der Kinderfreudigkeit unserer Gastarbeiter. Seit 1972 sterben in der Bundesrepublik mehr Menschen als geboren werden. 1973 war der Sterbeüberschuß auf 96 000 angewachsen, *ohne* die Gastarbeiterfamilien sogar auf 180 000, und diese Talfahrt setzt sich fort. Westdeutschland ist seit 1960 sowohl das Land mit einer maximalen Steigerung des Bruttosozialproduktes wie das der stärksten Senkung der Geburtenziffern gewesen. Heute sind wir das geburtenärmste Land der Welt.

Woran liegt das? Erika hat die Argumente mit nüchterner Schärfe vor uns hingestellt: Muttersein gilt heute nicht mehr viel in deutschen Landen. Die Mütter gehören offensichtlich zum unterprivilegiertesten Stand in unserer Gesellschaft. Kinder zu haben, zahlt sich nicht mehr aus. Es ist einfach nur ein Nachteil, welche zu bekommen. Sie pressen die Frauen, die alle Voraussetzungen zur Unabhängigkeit hätten, in den würdelosen Zustand, sich von ihren Ehemännern tyrannisieren zu lassen, eine Versuchung der Herren, die sie nur allzu willig ergreifen, wenn die Familienmutter sie durch ihre erzwungene Berufslosigkeit quasi notgedrungen anbietet. Die Mütter haben viel weniger Möglichkeit, ihr Leben zu genießen, sie sind über Jahre angebunden und festgenagelt – zuerst weil man die Babys nicht allein lassen kann, später weil die Kinder zur Schule müssen. Wo liegt der Ausgleich, wo der Lohn für die lange Zeit der Entbehrung, der Sorgen, der Mühe und auch des Erkennens, in der Erziehung der Kinder unzulänglich zu sein?

Er liegt eben nicht mehr auf der Hand wie einstmals, als der Sohn den Hof, das Anwesen übernahm und den alten Eltern das Gnadenbrot gab.

Dieser Trend wird zusätzlich unterstützt durch die einseitige Hochschätzung der Berufstätigkeit, die einseitige Abwertung der „Nur-Hausfrau" in der deutschen Öffentlichkeit und in der

Politik der Bundesregierung. Er wird aber vor allem durch die Erfindung der Antibabypille und die Zeitschriftenaufklärung über ihren Gebrauch in einer geradezu rasanten Weise zur Verwirklichung gebracht. Erstmalig in der Geschichte hat die Frau es handfest in der Tasche, ob sie Kinder haben will oder nicht, und erstmals in der Geschichte ist infolgedessen mit einer derartigen Gewissenhaftigkeit und Wirksamkeit Geburtenverhütung betrieben worden. Wenn der Schwangerschaftsabbruch straffrei werden sollte oder, diese Problematik überrundend, die „Pille danach" auch auf den deutschen Markt kommen wird, werden es selbst die wenigen Unachtsamen oder Pillenscheuen nicht mehr nötig haben, ein Kind auszutragen, das Unordnung und Unbequemlichkeit in ihr schönes, klares, geregeltes Leben bringen könnte. Ein interessanter Zusatz dieser Entwicklung: Mit der rasanten Steigerung der Gebärunwilligkeit geht eine Steigerung der Gebärunfähigkeit einher. Viele Erikas, die schließlich dem Drängen ihrer Ehemänner nachgaben und die Pille nach jahrelanger Einnahme fortließen, entdeckten: der Kindersegen stellt sich dennoch nicht ein. Bei vielen bleibt die Blutung hartnäckig aus, und auch wenn ärztliche Hormonbehandlungen sie wieder in Gang bringen, ist das Wiedereinsetzen des Eisprungs keineswegs bei allen Frauen eine Selbstverständlichkeit. Eine Folge der Pilleneinnahme? Eine Folge des psycho-sozialen Stresses des Berufslebens? Eine Folge der „Notstandsamenorrhöe", die sich durch die Hungermode einstellt? Die Frauenärzte haben noch keine eindeutigen Statistiken über die Ursachen. Aber es ist in diesem Zusammenhang bedenkenswert, daß vierzig Prozent der jungen Mädchen in Westdeutschland – durch den Hungerzwang der Mode bedingt – unterernährt sind. Untergewicht bewirkt bei vielen Frauen geradezu automatisch, daß der Monatszyklus ausbleibt. Die Natur stellt den „Überfluß" Fortpflanzungsbereitschaft ein und schaltet den ausgemergelten Körper auf „Notstand", auf Überleben der Eigenexistenz um. Wohin fährt dieser Zug? Sitzen die Bundesbürger mit ihren feschen, emanzipierten, ausgemergelten, kühl berechnenden, infertilen Berufsfrauen im Wohlstands-TEE zum Untergang? Sind wir ein aussterbendes Volk? Trifft auf uns in dieser Zeit jene alte germanische Prophezeiung zu, daß das Nahen des Weltendes daran erkannt werden könne, daß Männer in Wagen ohne Pferde führen und die Frauen keine Kinder mehr bekämen? Wollen wir aussterben, und wenn nicht – was läßt sich dagegen unternehmen?

Wenn solche Fragen durch statistische Zahlen wie die des Bevölkerungsschwundes in der Öffentlichkeit auftauchen, so tritt mit knopfdruckartiger Regelmäßigkeit eine Reihe von Wissenschaftlern als Beschwichtiger auf. So errechnete ein Kieler Gelehrter in fröhlicher Unbekümmertheit, daß der Geburtenschwund rosige Zeiten für den bangbüxigen Bundesbürger bringen würde; denn wenn weniger Kinder geboren werden, spart der Staat Kindergelder und Ausbildungskosten, dem Bürger entfallen damit drückende Lasten, vermutlich werden sogar die Steuern gesenkt werden können, denn Milliardenbeträge bleiben im Staatssäckel. Diese Milchmädchenrechnung, die uns auch bereits von unserer Frau Familienminister aufgemacht worden ist, ist von ebenso schlichter wie unabweisbarer Logik; denn wir Heutigen haben in der Tat keinen Grund zur Sorge. Diese günstige Finanzlage hat laut Hochrechnung die Chancen, bis ans Ende dieses Jahrhunderts anzuhalten. Länger wird Frau Familienminister nicht regieren, länger wird auch der Herr Professor Beschwichtiger aus Kiel vielleicht nicht leben. Aber den Nachdenklichen bleibt doch die bange Frage: Dürfen Staatsmänner so denken? Dürfen Wissenschaftler so rechnen? Ist es erlaubt, über den Rand unserer persönlichen Lebenszeit so wenig hinauszudenken? Ist die Nach-uns-die-Sintflut-Einstellung nicht ein Zeichen von Kurzsichtigkeit und fehlendem Verantwortungsgefühl für die Zukunft? Wissen die Demographen nicht aus französischen Statistiken, daß eine schrumpfende Bevölkerung auf lange Sicht zwangsläufig ärmer wird, ja verarmt? Wissen die Historiker nicht, daß Länder mit dezimierter Bevölkerung rasch mit Einwanderern oder kriegerischen Eroberern aufgefüllt werden? Ist es nicht unsere Pflicht, mitzuhelfen, daß auch unsere Nachkommen noch in einem freien Staat leben können?

Trotz Milchmädchenrechnung über all unsere finanziellen Entlastungen lassen sich in bezug auf eine solche Zukunft der Bundesrepublik Deutschland im kommenden Jahrhundert aufgrund der Schwundzahlen große Sorgen anmelden.

An dieser Stelle müssen wir freilich mit Erika fragen: Warum denn aber auch nicht? Wenn durch die Überbevölkerung in den Entwicklungsländern, in China und Indien den Menschen bereits im Jahre 2016 die Katastrophe droht, dann ist es doch nur

allzu wünschenswert, daß Westdeutschland vorbildhaft voran-
geht und sich als deutscher Staat erst mal selbst von der Bildflä-
che verschwinden läßt. Dies ist ein geradezu demagogisches
Argument. Die Überbevölkerungsprobleme der Entwicklungsländer werden sicher nicht durch den Selbstmord eines im
Weltausmaß so kleinen Landes wie Westdeutschland verändert
oder gar gelöst. Ansätze dazu könnten viel eher geschaffen
werden, wenn unser hochzivilisiertes Land seinen Wohlstands-
status hielte, so daß weiterhin und in höherem Maße auch diese
Länder vom deutschen Wohlstand zehren und Industrien auf-
bauen könnten. Darüber hinaus aber ist doch vor allem die
Frage zu stellen, ob dieses unser Land nicht doch so etwas wie
einen Selbsterhaltungstrieb als freies Staatswesen entwickeln
müßte, so wie es die Franzosen schlagartig und erfolgreich an
den Tag legten, als ihre Bevölkerungszahlen im Jahre 1967 einen wesentlich geringeren Schwund zeigten. Der große Bevölkerungsschwund in Deutschland und die fehlenden Maßnahmen dagegen von seiten der Regierung sind ein Gradmesser,
wie wenig dieser Selbsterhaltungstrieb unseres Kollektivs intakt ist. Der Selbsterhaltungstrieb eines Staatswesens ist abhängig von seinem Selbstwertgefühl, von dem Bewußtsein der
Notwendigkeit seiner Existenz. Dieses liegt im Nachkriegsdeutschland (begreiflicherweise) darnieder, ein Phänomen, das
zum Beispiel auch in der Wehrdienstverweigerung so vieler Jugendlicher zum Ausdruck kommt. Nur wenn unsere Gesellschaft uns die Einsicht vermitteln könnte, daß es sinnvoll ist,
daß auch unsere wenigen Nachkommen in einem freien west-
deutschen Staat leben, könnten wir Hoffnung haben, daß mehr
Menschen unseres Kulturkreises mithelfen, daß dieser
Schwund nicht zum Schwinden unseres Staates führt. Eine solche Einstellungsänderung aber müßte in der Tiefe ansetzen,
müßte über die Schule in den Jugendlichen wieder ein Bewußtsein über den Fundus der christlich-abendländischen Kultur schaffen, müßte mehr Menschen das Wissen vermitteln, daß
hier geistiges Gut existiert, das auch für die Menschen in anderen Erdteilen noch wertvoll ist und das vermittelt werden sollte,
damit die Welt allmählich menschlicher und freundlicher werden könnte. Niemals werden die Entwicklungsländer aus ihrem
kümmerlichen und krisenreichen Dasein herauskommen, wenn
wir ihnen nur unser Geld, nicht aber den Geist vermitteln, der
die Kultur des Abendlandes zur Blüte brachte.

Erika geht begreiflicherweise dieses Verantwortungsbewußtsein für die Zukunft vollkommen ab. Auch Heinz kann es ihr nicht beibringen, auch er hat es nicht so gelernt, daß es in seinem Bewußtsein wäre. Aber er hat noch ein dumpfes Gefühl dafür, daß sein Leben irgendwie wertvoller, erfüllter und damit glücklicher werden könnte, wenn er es auf sich nehmen würde, Nachkommen zu erziehen. Manche klimakterischen Depressionen kinderloser Frauen können uns die aufschlußreiche Einsicht vermitteln, daß gewollte Kinderlosigkeit eine Teufelsklaue haben kann. Sie zeigt sich manchem alternden Menschen darin, daß sein ausschließliches Sorgen um die eigene Bequemlichkeit, daß sein Ausschalten von lästigen Pflichten ihn auf die Dauer nicht glücklicher machte. Das Mühen um die Kinder, ihr Behüten, das Interesse für sie zahlt sich, wenn es im rechten Maß geschieht, eben doch aus: in der Existenz der jungen Erwachsenen, die ihren Eltern Freude machen und ihnen glücklich bestätigen, daß ihre Mühe sich gelohnt hat.

Daß es wieder mehr zufriedene Eltern und mehr glückliche, gesunde Kinder gibt, dazu sind freilich viele, viele, auch staatliche Hilfen nötig. Der Stand Familienmutter darf nicht weiter derart unterprivilegiert sein, daß die jungen Frauen mit Recht davor zurückschrecken, sich ihm zu verschreiben. Er muß durch Familienlastenausgleich, durch Versorgungsansprüche der Familienmutter, durch Privilegien am Arbeitsplatz, durch eine Betonung des Wertes ihrer häuslichen Arbeit unterstützt werden. Kein Mensch kann auf die Dauer zufrieden sein ohne die mehr oder weniger bewußte Vorstellung, daß das, was er tut, sinnvoll ist und von der Umwelt anerkannt wird. Ein gesellschaftlicher Trend, der den Frauen suggeriert, daß sie weniger wert sind, wenn sie sich als Familienmütter betätigen, ist zukunftsfeindlich, staatspolitisch unverantwortlich und objektiv falsch. Pflichtbewußte Mütter gehören zu den wichtigsten Grundpfeilern einer gesunden Volksprosperität, denn aus der Obhut sorgsamer Mütter wachsen pflichtbewußte, liebevolle und seelisch stabile Erwachsene heran. Aus unverwahrten Kindern hingegen werden nur allzuoft Erwachsene, die weder liebes- noch arbeitsfähig sind. Wir haben heute bereits ein Heer von 12 000 Frührentnern aufgrund von Rauschgiftsucht. Die intakte Familie ist und bleibt der Grundstein einer intakten Volkswirtschaft. Wenn dieses Wissen im Bewußtsein der jungen Eheleute vorhanden wäre und von der Öffentlichkeit gesehen würde, dann könnte die Familienmutter jenes Selbstwertgefühl entwickeln, das heute einfach nötig ist, um den Widrigkeiten des entbehrungsreichen Mutterdaseins mit seelischer Standfestigkeit begegnen zu können.

Aber eine solche Einstellungsänderung könnte darüber hinaus auch nur dann möglich werden, wenn das Leben mit eigenen Kindern wieder erfreulicher würde. Das kann es aber nur werden, wenn man von deren erstem Lebenstag an so mit ihnen umgehen würde, daß nicht so viele Verhaltensstörungen entstünden, wie es heute der Fall ist. Daß viele Kinder, wie Erika sehr richtig beobachtet hat, ihren Müttern wenig Glücksgefühle als Ausgleich für ihre Mühe vermitteln, liegt ja daran, daß man durch falsche Pflege in der ersten Lebenszeit (durch Abschieben, Überfüttern und Verwöhnen) die Kinder zu unruhigen, unglücklichen Kuckucksvögeln fehlerzieht. Eine Änderung dieser Fehlansätze kann aber kaum von den Müttern allein ausgehen – sie brauchen anders eingestellte Ärzte und Beratungsstellen, die nicht nur auf das körperliche, sondern auch auf das seelische Gedeihen der Kinder Wert legen. Die Frauenärzte und Hebammen, die Kinderärzte und Allgemeinmediziner, die Schwestern und Ärztinnen der Mütterberatungsstellen müßten Vorkenntnisse darüber haben, wie man Antriebsstörungen vermeidet.

Sie müßten den Müttern raten, ihre Kinder in den ersten beiden Lebensjahren nicht zu verlassen, sie müßten ihnen sagen, wie man die Einbahnung der Verwöhnung durch zuviel und zu leicht gegebene Ersatznahrung vermeidet. Diese Personen müßten ein Grundwissen darüber haben, daß charakterliche Fehlentwicklungen vorgebahnt werden, wenn man die elementaren Grundantriebe des Menschen, die nach Nahrung und Bindung, während ihrer Entfaltung stört und die natürliche „Vorschrift" leichtfertig und unbekümmert abwandelt. Das geschieht heute allenthalben und bewirkt, daß kluge junge Frauen davor zurückschrecken, Kinder aufzuziehen.

Können wir hoffen, daß in naher Zukunft dergleichen Rettendes geschieht? Dieser Aufsatz möchte dazu beitragen. Wir brauchen dazu Minister, die weiter denken als bis zur nächsten Wahl, weiter als bis zum Ende ihrer eigenen Regierungszeit, die, wie das Abendland seit Plato, auf dem Boden des Wissens stehen, daß das Staatswesen kein Probierfeld von Ideologien und Utopien sein darf, sondern die notwendige, schwer zu bewahrende Form für freies, friedliches Gedeihen und Überleben eines Kollektivs sein muß.

Wir brauchen dazu Wissenschaftler, die aufgrund des Erfahrungsgutes mit Verhaltensstörungen Rettungsprogramme für die Kleinkinder verfassen, lehren und durchsetzen.

Wir brauchen dazu Väter und Mütter, die auch ohne diese nur langsam in Gang kommenden Schwungräder hier und jetzt ein klares Bewußtsein über ihre Verantwortung für die Zukunft entwickeln und gegen die modischen Trends durch die Gründung von Familien ihr Ja für die Zukunft eindeutig und selbstbewußt zu dokumentieren wagen – um der tieferen Sinnerfüllung ihres Lebens willen.

Von all diesen Dingen sprach ich mit Heinz und Erika, sagte ihnen meine Hilfe bei Pflege- und Erziehungsfragen zu, machte Erika klar, daß es ein Lebensglück gibt, das tiefer ist als die Freude an einem schönen und reibungslosen Leben, daß nicht nur Eltern ihren Kindern, sondern auch Kinder ihren Eltern zu seelischen Reifungsprozessen verhelfen können (auch und gerade durch die Nöte, die die Eltern mit ihnen haben!) und daß wir Erwachsenen an unseren Kindern neu und hellwach zu Lernenden werden können.

Heute rief mich Heinz glückstrahlend an. Till ist geboren, und ich werde Patentante. Mit fröhlich stolzem Lachen kam's durchs Telefon: ,,Nicht wahr – auch unsere Serengeti darf ja nicht sterben!''

Psychosomatische Symptome
im ersten Lebensjahr und ihre Folgen
für die Charakterentwicklung des Menschen

Gibt es das überhaupt – psychosomatische Symptome im Säuglingsalter? Wir wissen es nicht; aber wir können vermuten, daß die Anfälligkeit der Säuglinge, deren psychische Lebensbedürfnisse unzureichend erfüllt werden, generell größer ist als die von Säuglingen mit einem komplikationslosen Lebensstart. René Spitz brachte uns zuerst auf diese Fährte: Er wies nach, daß Säuglinge in Heimen wesentlich mehr zu Erkrankungen neigen als Mutterkinder.

In meiner fünfzehnjährigen psychagogischen Praxis und durch meine Gutachtertätigkeit beim Jugendgericht habe ich viele Variationen dieser Aussage machen und die Vermutungen über Zusammenhänge zwischen Frühstörungen und Lebensschicksalen differenzieren können; denn anders als bei erwachsenen Neurotikern standen mir in 95 % meiner Fälle die ersten Bezugspersonen der Patienten, meistens die Mütter, gelegentlich auch die Großmütter, zu einer ausführlichen Anamnesenerhebung zur Verfügung. So ergab sich zum Beispiel die verblüffende Gegebenheit, daß 41 % derjenigen untersuchten Probanden, die durch Diebstähle straffällig geworden waren, während ihres ersten Lebensjahres meist über mehrere Wochen oder Monate in einem Kinderkrankenhaus zugebracht hatten. Die Mehrzahl der Kinder litt an Dyspepsien, manche an fieberhaften Erkrankungen. Bronchitis, Pneumonie dominierten. Eine weitere Kategorie litt an Ekzemen, ein Kind erkrankte im Alter von drei Monaten an Masern, bei einem wurde als Säugling eine Bruchoperation durchgeführt. Erstaunlich ist bei dieser Zahl, daß unter den Fällen von Straffälligen nur zwei Kinder sind, die wegen ihres unzureichenden Gewichts einen verlängerten Krankenhausaufenthalt unmittelbar nach der Geburt durchzustehen hatten. Unter den jugendlichen Dieben in meiner Kartei kamen die meisten im Alter von drei bis fünf

Monaten, manche auch im zweiten Halbjahr ihres Säuglingsalters mit ihrer meist lebensbedrohlichen Erkrankung in die Klinik. Die Wahrscheinlichkeit, einen psychischen Schaden zu erleiden, der eine *diebische* Haltung heraufbeschwört, scheint also selbst innerhalb der Säuglingszeit noch zu variieren. Daß ein langfristiger Klinikaufenthalt jenseits des dritten Lebensmonats bei einem Säugling ganz allgemein eine schwere Minusvariante darstellt, die in hohen Prozentsätzen zu seelisch-geistigen Entwicklungsrückständen führt, die noch im Grundschulalter ganz deutlich erkennbar sind, hatte ich durch katamnestische Untersuchungen von Grundschulkindern, die als Säuglinge schwerkrank in der Klinik lagen, in Zusammenarbeit mit dem Chefarzt der Kinderabteilung des Kreiskrankenhauses Uelzen, Dr. Simonsen, bereits 1968 nachgewiesen. Ungeklärt mußte bei dieser Untersuchung bleiben, ob allein die Trennung von der Mutter, allein die Hospitalisierung diese Behinderung ausgelöst hatte oder ob und in wie vielen Fällen eine ungünstige Umweltsituation die Erkrankung des Säuglings vorbereitet hatte und damit die eigentliche Ursache der psychischen Beeinträchtigung bereits dort lag; denn das Ergebnis von René Spitz läßt doch global den Schluß zu, daß die Pflege des Säuglings durch eine immer gleiche Person, eine Person, die das Kind sorgsam und liebevoll betreut, ein stabilisierender Faktor für seine Gesundheit darzustellen vermag. Die Anamnesen meines Materials von jugendlichen Dieben zeigten nun, daß bei 18% von ihnen, und das sind 44% aller jener, die als Säuglinge hospitalisiert waren, eine außerordentlich notvolle Situation bei den pflegenden Müttern herrschte. Diese 18% der Kinder waren in einer extremen Weise unerwünscht. Manche Mütter hatten das Nest bereits voll und fühlten sich durch die Aufzucht eines weiteren Kindes überfordert, viele heirateten notgedrungen den Kindesvater wegen der Schwangerschaft und waren von Anfang an in ihrer Ehe unglücklich. Die Wahrscheinlichkeit, daß der Kontakt zwischen Mutter und Kind und die Sorgfalt in der Pflege aufgrund dieser Umstände unzureichend waren, ist außerordentlich groß. Alle diese unerwünschten Kinder wurden praktisch überhaupt nicht gestillt. 45% von ihnen wurden aufgrund von Ekzemen in eine Klinik eingeliefert, 36% aufgrund von Dyspepsien, 19% mit Bronchitiden und Pneumonien.

Wir können aus der ausschließlichen Korrelation zwischen

diesen Erkrankungen und der Tatsache einer sorgenbeschwerten und den Säugling ablehnenden Mutter nicht mit Sicherheit den Schluß ziehen, daß diese Erkrankungen psychosomatisch im streng klinischen Sinne waren; aber wir können wohl annehmen, daß die psychische Situation der Mütter die physische und psychische Labilisierung der Kinder begünstigte oder verstärkte. Daß hier keine angeborene Organminderwertigkeit oder eine allergische Disposition (vor allem bei den Ekzemerkrankten) vorlag, geht daraus hervor, daß die Ekzembereitschaft und auch die Anfälligkeit für Magenerkrankungen und Erkrankungen der Atemwege in *allen* Fällen jenseits der Säuglingszeit total verschwand. Alle jugendlichen Diebe meiner Kartei waren nach diesem mühsamen Lebensstart später ausgesprochen gesunde Kinder, die aber bald eine Fülle von Verhaltensauffälligkeiten zeigten. Die Art und Entwicklung dieser Auffälligkeiten ist von monotoner Gleichartigkeit und bildet bis zum Straffälligwerden einen außerordentlich typischen Werdegang. Drei Beispiele sollen für viele stehen:

Ralf G. ist der zweite Sohn unter sechs Kindern seiner Eltern. Als er geboren wurde, war seine Mutter noch nicht mit seinem Vater verheiratet. Erst nach der Geburt eines weiteren Kindes und nach der Scheidung von seiner ersten Frau kam dieser Mann konstant zu seiner zweiten ständig wachsenden Familie. Ralf war ein absolut unerwünschtes Kind. Seine unverheiratete Mutter, die in einem Dorf lebte, schämte sich der neuen Schwangerschaft. Ralf wurde zu Hause komplikationslos geboren. Seine Mutter konnte ihn nicht stillen. Im Alter von drei Monaten kam er, über und über mit Ekzemen bedeckt, in ein Kinderkrankenhaus, wo er acht Wochen verblieb und dann als geheilt entlassen wurde. Die Kleinkinderzeit verlief unauffällig, erst die Schulzeit brachte die Katastrophe. Der Junge konnte mit seinen Klassengenossen nicht mithalten; er blieb einmal im zweiten Schuljahr, ein zweites Mal im sechsten Schuljahr sitzen. Gleichzeitig zeigten sich neurotische Symptome: er begann an den Fingernägeln zu kauen, die heute geradezu stumpfartig sind, trank sehr viel und mußte außerordentlich häufig zur Toilette gehen. Darüber hinaus hat der Junge einen Schnüffeltic. Mit dreizehn Jahren begann er zu rauchen und hat heute, im Alter von sechzehn Jahren, einen Zigarettenkonsum von fünfzehn Stück pro Tag. Im Grundschulalter schon nahm er der Mutter gelegentlich Geld aus dem Portemonnaie, mit dreizehn

Jahren wurde er beim Diebstahl eines Portemonnaies aus einem Auto erwischt. Vor einem halben Jahr wurde er dadurch straffällig, daß er das Büro einer Badeanstalt aufbrach und die Geldkassette mit der Tageseinnahme entwendete. Seit seiner Ausschulung aus der Hauptschule (ohne Abschluß) versuchte er einige Male, Arbeit in verschiedenen Berufen aufzunehmen, wurde aber wegen Faulheit immer wieder entlassen. Seit sieben Monaten „gammelt" er zu Hause herum oder trifft sich mit ähnlich gearteten Kumpeln in den Diskotheken des Kreises. Testpsychologisch ergibt sich eine durchschnittliche Intelligenz, eine gesteigerte Spannung im Habenwollen, Bindungsunfähigkeit, mangelnde Ausdauer und eine depressive Mutlosigkeit.

Burghard B. ist das zweite Kind einer 21jährigen Mutter, die ihren Mann aufgrund dieser zweiten Schwangerschaft heiratete. Das Kind war absolut unerwünscht. Das erste, vorehelich geborene Kind war erst einige Monate alt, als die Schwangerschaft eintrat. Burghard wurde nur über eine kurze Zeit nach der Geburt gestillt; sehr schnell ging die Mutter zur Flaschennahrung über. Sie gibt an, daß sie sich bei der Betreuung der beiden noch so kleinen Kinder überfordert fühlte und darüber oft unglücklich war. Im Alter von vier Monaten hatte Burghard einen so starken Milchschorf entwickelt, daß ein Klinikaufenthalt notwendig wurde. Er blieb dort acht Wochen lang. Die Entwicklung ging danach nur zögernd voran. Der Junge lief erst mit achtzehn Monaten, die Sauberkeitsgewöhnung mißlang. Noch bis weit ins Schulalter hinein litt er an einem Einkoten. An neurotischen Symptomen traten in Erscheinung: Nägelkauen vom dritten Lebensjahr ab, ein sehr starkes Trinkbedürfnis, gelegentliches unmotiviertes Fortlaufen aus dem Elternhaus. Trotz seiner durchschnittlichen Intelligenz ist der Fünfzehnjährige nur ein sehr mäßiger Hauptschüler. In Deutsch und Handschrift hatte er durchgängig Fünfen, zum Erledigen der Hausaufgaben ist er nur schwer zu bewegen. Burghard stahl bereits im Grundschulalter seiner Mutter Groschen aus dem Portemonnaie und wurde dadurch straffällig, daß er ein Gewehr entwendete und durch angeberisches Herumknallen damit ein Kind verletzte. Er möchte zur See fahren; sein gelegentliches Fortlaufen hatte – aus einer unbewußten gesteigerten Geborgenheitssehnsucht heraus – das Ziel, im Hamburger Hafen „sein" Schiff zu finden.

Testpsychologisch ergibt sich eine durchschnittliche Intelligenz, gesteigerte Geborgenheitssehnsucht, Habgier, mangelnde Ausdauer, orale Bedürfnisspannung, gesteigerte Aggressivität.

Joachim H. wurde 1957 als zweites Kind seiner Eltern in einer Klinik geboren. Sein älterer Bruder ist nur elf Monate älter als er, seine jüngere Schwester nur vierzehn Monate jünger. Ein weiterer Bruder folgte im Abstand von einem Jahr, ein fünftes Kind der Familie ist heute fünf Jahre alt. Nach Angaben der Mutter war Joachim wohl noch ein erwünschtes, aber keineswegs ein so *rasch* erwünschtes Kind. Die Mutter erlebte die Jahre mit den vier kleinen Kindern als eine erhebliche Belastung, die oft über ihre Kräfte ging. Sie erzählt auch, daß nur die beiden jüngsten Kinder zärtlich zu ihr sein können – „die", so sagt sie, „für die ich mehr Zeit hatte". Die Überlastung der Mutter geht vermutlich schon aus dem Symptom hervor, das bei Joachim wenige Wochen nach der Geburt auftrat: er bekam schwere Ekzeme und nahm keine Nahrung zu sich. Er konnte die künstliche Nahrung nicht vertragen, die die Mutter fütterte, nachdem sie ihn kurze Zeit nach der Geburt abgestillt hatte. Es folgten Wochen der Quälerei mit allnächtlichem langanhaltendem Schreien des Säuglings. Der Arzt riet der Mutter, sie solle ihn schreien lassen, und sie folgte diesem Rat. Der Junge schrie, bis er oft vollständig blau war. Aber nach einigen Wochen hörte dieses Weinen auf, wodurch sich, so meint die Mutter, doch wohl gezeigt habe, wie dickköpfig er sei. Dennoch blieb die Schlaffähigkeit des Jungen durch die gesamte Kindheit gestört. („Er schlief gewissermaßen mit offenen Augen", sagt die Mutter). Ekzeme und Ernährungsstörungen nahmen hingegen immer mehr zu. Schließlich wurde der Säugling dreimal für mehrere Wochen in eine Kinderklinik eingewiesen, wo man ihm, um sein Kratzen an den Ekzemen zu unterbinden, Manschetten an den Extremitäten anlegte. Die geistig-seelische Entwicklung des Jungen begann sich nach der Rückkehr aus der Klinik zunehmend zu verlangsamen: er lernte sehr verspätet sprechen; noch zu Beginn der Schulzeit war seine Sprache verwaschen und unzureichend. Er konnte sich niemals anhaltend und konzentriert beschäftigen und konstruktiv spielen oder Spielideen entwickeln. Die Schule war eine einzige Katastrophe; bereits im ersten Schuljahr blieb Joachim sitzen, danach wurde er nur mitgeschleppt; zweimal wiederholte er einige Klassen. Es gelang ihm bis heute nicht, das Schreiben zu erlernen, im Lesen bringt er es zu einigen mühseligen Versuchen. Joachims Eltern sind bemühte Menschen, die alle anderen Kinder so zu fördern in der Lage waren, daß sie in der Realschule gute Schüler sind. Joachim versagte als einziger unter den vier älteren Geschwistern. Die Überforderung des Jungen zeigt sich auch im Symptom des Nägelbeißens und in der Unfähigkeit, ausdauernd bei einer Tätigkeit zu bleiben. Antriebsdurchbrüche sind in unmotiviert aufflackernden Aggressionen, vor allem gegen die Geschwister, in gelegentlichen Mopsereien aus den Portemonnaies von Eltern und Kameraden, wie in den anstehenden Delikten, vor allem im Geldstehlen im Umkleideraum der Turnhalle, in Erscheinung getreten. Symbolhaft kommt hier die Beeinträchtigung, der Neid auf die Nichtbehinderten, das unbewußte Bedürfnis nach Aufhebung des Mangels zum Ausdruck.

Testpsychologisch zeigen sich höchst ähnliche Resultate wie in den beiden ersten Fällen: durchschnittliche Intelligenz, zur Habgier gesteigerte orale Bedürfnisspannung, fundamentale Verzagtheit, große Empfindlichkeit, fahrige Unkonzentriertheit, Einfallslosigkeit, gesteigerte Aggressivität.

Eine unzureichende Pflegesituation führt also in allen diesen Fällen zu einer Erkrankung und Hospitalisierung der Kinder ausgerechnet in einem Alter, in dem der Kontakt zwischen Mutter und Kind sich zu einer fundamentalen Bindung zu verfestigt hat, wenn die Entwicklung zu seelisch gesunder Entfaltung gebracht werden soll.

Meine Praxiserfahrung läßt mich zu der Erkenntnis kommen, daß mit erheblichen Verhaltensstörungen und Lebensschwierigkeiten zu rechnen ist, wenn Säuglinge in ihrem ersten Lebensjahr in den beiden primären Antriebsbereichen eine Beeinträchtigung erfahren: im Bereich der Mutter-Kind-Bindung und im Bereich der Nahrungsaufnahme. Fehlbefriedigungen oder unzureichende Befriedigungen im Nahrungsbereich begünstigen eine gesteigerte kaptative Bedürfnisspannung und damit die Habgier, bewirken aber gleichzeitig die festgeprägte fundamentale Mutlosigkeit, die die Unfähigkeit zum Durchhalten heraufbeschwört. Unzureichender Mutter-Kind-Kontakt, fehlende Zärtlichkeit, Abwesenheit einer immer gleichen Betreuerin jenseits des zweiten Lebensmonats mindern später die Kontakt- und die konzentrierte Beobachtungsfähigkeit. Die massive Antriebsbehinderung in diesen beiden Bereichen über einen langen Zeitraum im Säuglingsalter kann die Gefahr der

Entwicklung einer neurotischen Verwahrlosung heraufbeschwören. Sie wird erst in der Pubertät manifest mit ihrer Symptomtrias Ordnungsfeindlichkeit, Passivität und Bindungslosigkeit, zeigt sich aber im Grundschulalter immer schon in charakteristischen Symptomen: „Faulheit" bei den Schularbeiten, Unbotmäßigkeit, gesteigerte Aggressivität, Nägelkauen, diebische Haltung, Schuleschwänzen und Weglaufen.

Freilich zeigt sich, daß nicht alle Kinder mit einem solchen Frühschicksal den Weg in die neurotische Verwahrlosung gehen. Sie tun es nur dann, wenn die Hospitalisierung über Monate andauerte und wenn keine nachholende, liebevolle Betreuung vollzogen werden konnte. Die Teufelskreise, die zur Verschlechterung führen, sind freilich auch bei wohlmeinenden Eltern rasch eingebahnt, wenn die Passivität, die Aggressivität, der Egoismus der Kinder sie dazu bringt, zunehmend mehr mit negativen Erziehungsmitteln, mit Schimpfen, Schlagen, Strafen und Geschwistervergleichen, zu antworten – und das ist in ihrer Unkenntnis der Sachlage nur allzu verständlich.

Aber selbst wenn die Eltern oder Pflegepersonen (Adoptiveltern!) dem Kind durch seine Kindheit hindurch nachholend die Zärtlichkeit, Geborgenheit und Bindung schenken, die es braucht, und wenn diese Kinder sie nur im ersten Lebensjahr aus oft tragischen Gründen nicht bekamen, bringt doch die Pubertät häufig ein leichtes Manifestwerden der in die Latenz geschickten Antriebsschädigung: als ein unmotiviertes Beteiligen an Raubzügen, als ein symbolischer Diebstahl, als eine depressive Verstimmung, als Pubertätsmagersucht, als Neigung zu Kontaktschwäche und Vereinsamung, als plötzlich auftretende Nikotin- oder Rauschgiftsucht. Es sind auch offenbar nur die angeborenerweise vitaleren Kinder, die ihre Dezimierung im Fundament mit gemeinschaftsfeindlichen Übergriffen beantworten. Asthenische Kinder neigen eher dazu, ihre fundamentalen Frustrationen mit einem chronischen körperlichen Leiden zu beantworten, einem Asthma bronchiale, Nabelkoliken oder einer chronischen Eßstörung. Eine solche Somatisierung der Grundschwierigkeit findet, wie meine Befunde zeigen, aber nicht in einer Umwelt statt, in der die Kinder wenig beachtet und wenig pfleglich erzogen wurden, wie das bei all meinen Jugendlichen der Fall war, die kriminell wurden. Die chronische Somatisierung der Grundleiden bedarf einer Umwelt, die gerade dann, oft auch *nur* dann ausreichend mit Zuwendung reagiert, wenn das Kind durch seine körperliche Erkrankung besonders pflegebedürftig wird.

Erfahrungen dieser Art sollten Konsequenzen vor allem auch im ärztlichen Handeln haben:

1. Mehr Anleitung und Bemühung auf den Wöchnerinnenstationen um die Einbahnung des Stillvorgangs. Aufklärung der Mütter im Wochenbett über die Lebenswichtigkeit der Mutter-Kind-Beziehung im Säuglingsalter. Auch weniger bemühte Mütter sind – und zwar erfahrungsgemäß ganz besonders im Wochenbett – aufgeschlossen für die so einfache Rechnung, daß man sich Leid, erzieherisches Elend und vergebliches Mühen ersparen kann, wenn man sich ganz besonders im ersten Lebensjahr sehr viel und sehr hautnah um sein Kind kümmert. Keine Mutter will einen Schulversager, einen Kriminellen heranziehen. Auch die primitivste, auch die noch vom Kind abgewandte Mutter ist meistens bereit, sich zu mühen, wenn sie *diese* Zusammenhänge kennt.

2. Das sehr verantwortungsbewußte Bemühen der Hausärzte, Säuglinge nur in lebensbedrohlichen Fällen in eine Klinik einzuweisen.

3. Überweisung durch den Klinikarzt zur Erziehungsberatung und psychagogische Betreuung der Mütter, deren Kinder als Säuglinge im Krankenhaus liegen müssen, um sekundäre Teufelskreise zu vermeiden.

4. Hinzuziehung von öffentlicher Hilfe bei überforderten Säuglingsmüttern (Dorfhelferinnen, Jugendämter usw.) durch Vermittlung des Hausarztes.

5. Da es sich aus den oben geschilderten Gründen als zwingend notwendig erwiesen hat, daß Säuglinge sorgfältig von einer immer gleichen Person betreut werden, sollten die Ärzte mobilisiert werden, von einer Berufstätigkeit der Säuglingsmütter abzuraten.

6. Säuglingsschutzgelder oder dergleichen materielle Unterstützung in den Fällen, in denen die junge Familie unzureichend versorgt ist (ledige Mütter, Trinker-, Rentnerfamilien).

Nur ein verantwortliches Wissen und Verbreiten der schicksalhaften Weichenstellung im Säuglingsalter in bezug auf die Charakterentwicklung des Menschen kann helfen, der zunehmenden Neurotisierung und Kriminalisierung unseres Kollektivs vorzubeugen.

Tagesmütter

Das Ganze sieht so nett, so freundlich aus: 800 000 Babys und Krabbelkindern, deren Mütter arbeiten müssen, weil angeblich sonst nicht genug Geld zum Leben da ist, soll geholfen werden. Sie können in einer Tagespflegestelle untergebracht werden. Damit es genug Frauen gibt, die ihre Tür für eine solche Aufgabe öffnen, werden sie vom Staat für diesen Dienst honoriert.

Um sicher zu sein, ob eine solche Maßnahme realitätsgerecht ist und den Kindern bekommt, soll vor dem endgültigen Startschuß auf Bundesebene zunächst für drei Jahre mit 300 Kindern ein wissenschaftlich begleiteter Versuch unternommen werden – so vorsichtig und umsichtig ist das Ministerium.

Dies ist die Version, unter der die Regierung die Öffentlichkeit über eine neue Reform unterrichtet.

Wer gegen eine so hübsche runde Sache ist, offenbart damit eigentlich doch wohl nur irgendeine irrationale Widerborstigkeit, Reaktionärstum, Opposition oder Fortschrittsfeindlichkeit. Und doch tritt hier, ob das dem Minsterium bewußt oder unbewußt ist, mag dahingestellt sein, mit lieblicher Stimme und bemehlt weißer Pfote der Wolf ins Haus der Geißlein, denn diese in dem Bericht genannte Zahl von 800 000 mutterlosen Säuglingen verdeckt die Tatbestände. Die wenigsten dieser Kinder sind in Kinderkrippen untergebracht und werden außerhäuslich versorgt. Die meisten von ihnen bleiben, zur Zeit wenigstens, in der konstanten Umgebung des elterlichen Nestes und werden dort im allgemeinen von Großeltern oder anderen Personen, die zur Familiengemeinschaft gehören, betreut. Jede Konstanz der Pflegepersonen und der Umgebung in seiner ersten Lebenszeit ist aber für das seelische Gedeihen des Menschen besser als häufiger Wechsel, wie das Tagesmüttermodell es vorsieht. Damit zeigt sich, daß die Argumentation des Ministeriums, man wolle mit dem Tagesmütterprojekt für vernachlässigte Säuglinge ein „kleineres Übel" schaffen, weil Kinderkrippen und Heime sie mehr schädigen, nicht stichhaltig ist. Für die meisten der 800 000 Babys arbeitender Mütter wäre das Tagesmütterprojekt das *größere* Übel, weil es die Kinder aus der Konstanz der Umgebung herauslöst. Vom Schreibtisch her mag so eine Regelung denkbar sein. In der Wirklichkeit sieht das Schicksal der Kinder und der unbekümmert abschiebenden Mütter viel trauriger aus. So berichtet zum Beispiel eine Frau, die einen Säugling in Tagespflege genommen hatte: „Ich war circa ein Jahr lang eine Art Tagesmutter und kann dieses Problem aus Erfahrung beurteilen. Ein junges Ehepaar – er Student, sie arbeitete in einem Büro, beide sehr liebenswerte Menschen; ich betreute ihr Töchterchen von seiner sechsten Lebenswoche ab täglich von acht Uhr bis zum Nachmittag, manchmal auch länger. Es gab keine Schwierigkeiten, solange das Kind noch im Körbchen lag. Als die kleine Sandra kriechen und laufen lernte, sah sie mich als ihre eigentliche Bezugsperson an, und es gab stets Tränen und Abwehr, wenn sie von ihren Eltern abgeholt wurde. Sie wollte nur bei mir bleiben. Das Kind stand stets in dieser Abholphase unter einem Schock."

Das Bedenkliche aber ist, daß solche Sandras ihre täglichen Schocks zwar vergessen, daß sie aber dennoch später den Charakter eines solchen Menschen labilisieren können. Wie oft zeigt sich in den psychagogischen Betreuungen der Jugendlichen, daß ihr Unglücklichsein, ihr Versagen, ihre Haltung der Verneinung und des Hasses in der dumpf empfundenen Urverletzung ihre Ursache haben: daß man sie verließ und daß sie nun die Vorstellung haben, daß der Mensch im allgemeinen treulos und unzuverlässig ist und daß man sich dagegen empören muß. Ohne die Vorleistung der Stetigkeit, der Treue, der Verläßlichkeit durch die Erzieher haben sie keine Aussicht, diese so lebenswichtigen und wertvollen Eigenschaften in ihren Kindern zur Entfaltung zu bringen. Menschen mit Urverletzungen haben Angst vor neuen Verletzungen und wehren sich automatisch selbst dort, wo von der realen Situation her keine Notwendigkeit dazu besteht. Menschen, die man in dieser Weise in der Säuglingszeit aus Mangel an Erkenntnissen schädigte, haben es später schwerer, Vertrauen in die Welt, Glauben an die Menschen und Liebe für sie zu entfalten. Die Lebensschwierigkeiten, die dadurch entstehen, sind oft unübersehbar groß. Nicht selten werden sie anfällig für Süchte aller Art. Szondi bezeichnet die Sucht als Ersatz für die veruntreute Mutter.

Das Tagesmüttermodell ist also keineswegs eine erfreuliche Maßnahme für diese 800 000 Babys, sondern das kleinere Übel nur für einen ganz geringen Prozentsatz von ihnen. Und auch für sie sollte eine verantwortungsbewußte Regierung so rasch wie möglich Betreuungsweisen zu finden suchen, die solche Risikofaktoren mindern.

An dieser Stelle sagt der Wolf freilich mit sanfter Stimme: Da es sich ja schließlich um eine völlig freiwillige Maßnahme handele, wäre es doch in das Belieben der Mütter gestellt, ihre Babys bei den Großmüttern zu lassen. Hier wird der Schleichcharakter der Maßnahme deutlich erkennbar, denn:

Viele mit ihren Schwiegermüttern unzufriedenen jungen Frauen werden gewiß mit Freuden einen Ausweg annehmen, wenn es diesen gibt und der gar durch den Charakter der staatlichen Maßnahme geradezu sanktioniert ist. Viel, viel mehr junge Mütter, die jetzt zu Hause bleiben, weil sie niemanden haben, der ihr Baby betreut, werden acht Wochen nach der Entbindung wieder berufstätig werden.

Daß dem Ministerium Auswirkungen dieser Art in den Kopf gekommen sind, geht aus dem Wortlaut der Rahmenrichtlinien hervor, in denen betont wird, *nicht* mehr Säuglingsmütter in die Berufe treiben zu wollen, in denen man behauptet, *nicht* den Eltern die Verantwortung für ihre Kinder abnehmen zu wollen. Aber durch Verleugnung – das weiß die Tiefenpsychologie – lassen sich Lebensprobleme der Menschen niemals beseitigen, sondern nur vertiefen.

Wie oft haben wir in den letzten Jahrzehnten gerade diese Erfahrung gemacht: daß eine lebenserleichternde Maßnahme leichtfertig angenommen wurde, ohne zu bedenken, daß sie einen sehr hohen Preis fordert, der oft erst später mit bitterem Leid bezahlt werden muß. Die Befreiung der Mütter von ihren Kindern beschenkt sie selten mit der Freiheit, die sie sich ersehnen. Liberalisierungen dieser Art können Lawinen des Unglücks heraufbeschwören, die ihre Eigengesetzlichkeit entfalten und den hochmütigen Befreiern schließlich die Einsicht aufnötigen können: Sind Gepflogenheiten wie das Tagesmütterprojekt erst einmal im Gang, so sind sie kaum wieder zu stoppen, und der Tribut muß später unerbittlich bezahlt werden.

Es nützt uns nichts, daß Frau Familienminister Focke vorgibt, dieses *nicht* zu wollen, wenn sie Feldzüge eröffnet, die de facto solche Auswirkungen haben müssen; denn das Leben der

Familienmutter in der BRD ist viel zu ungesichert, dazu auch noch unter dem ständigen Beschuß abwertender Diffamierungen mit Titulierungen wie „Nur-Hausfrau" und „Heimchen am Herd", als daß wir erwarten könnten, daß viele Säuglingsmütter die Widerstandskraft haben werden, ihren Beruf noch aufzugeben, wenn das Tagesmüttermodell erst einmal steht. Vielleicht können es einige, die einsichtige und wertbewußte, nicht geldsüchtige Ehemänner haben und unter der Voraussetzung, daß weiter Warner wie Hellbrügge, Pechstein, die Psychologen Metzger, Seiß und ich ihre Praxiserfahrungen immer neu verbreiten. Aber auch dem soll abgeholfen werden: das dreijährige Versuchsprogramm zur „Sozialisation von Kleinkindern" soll dem Modell den Stempel wissenschaftlicher Legitimation durch das Jugendinstitut München vermitteln. Nun, dies ist leichter gesagt als getan, denn dieses Experiment mit Säuglingen ist deshalb eine fragwürdige Angelegenheit, weil die Schädigungen bei drei- bis vierjährigen Kindern häufig noch ganz subtil sind und auch Kennern nicht immer mit hinreichender Deutlichkeit sichtbar werden. Den roten Faden der Schädigung eindeutig zu verfolgen, dazu bedarf es eines Beobachtungszeitraumes bis ins Erwachsenenalter hinein. Oft erst an der Schwelle zur Eigengestaltung des Lebens wird das verdeckte Geschwür manifest, erst hier erweist sich dann oft eklatant, daß der Lebensgrund nicht fest genug gebaut ist.

Es wird also ein Scheinstempel sein, den das Familienministerium sich hier durch sogenannte Wissenschaftlichkeit erwirbt. Die Wissenschaftler werden in die Funktion des Müllers gedrückt, der dem Wolf die schwarze Pfote fein weiß macht, damit das Geißlein-Volk nicht merkt, daß er Schlimmes im Schilde führt. Auf diese Weise ist alles fein abgesichert: das Ministerium durch die Wissenschaft, die Wissenschaft durch ihr Recht auf Irrtum, und die Geißenmütter zahlen, wie schon so oft in der Geschichte, die Zeche allein; denn nicht einmal zur Therapie der gestörten Jugendlichen wird diese Wissenschaft antreten. Wenn Frühschäden dieser Art sich erst als neurotische Verwahrlosung, als Renegatentum und Süchtigkeit manifestiert haben, gibt es heute kaum die Heiler und Heilverfahren, die als Schere wirksam werden könnten, um die Geißlein aus dem Wolfsbauch zu befreien. Abgesehen davon, zeigt sich erst dann, wie *teuer* dem Steuerzahler neurotische Frühschäden werden müssen.

Wie nötig haben die Familienmütter heute ein Familienministerium, das die Belange der Mütter wirklich und realitätsgerecht vertritt! Wie lange ist hier schon durch Unterlassung gesündigt worden, wie hoch soll die Springflut der Neurotisierung der Jugend noch steigen, bis hier konstruktive Maßnahmen ergriffen werden, die für verantwortungsbewußte Familienmütter gangbar sind?

Programme dieser Art liegen vor. Dr. Helga Wex hat sie ausgearbeitet und vorgelegt: Säuglingsmütter, die genötigt sind zu arbeiten, sollten in den ersten beiden Jahren einen Familienlastenausgleich bekommen; sie erhalten darüber hinaus die Möglichkeit, wieder bevorrechtet in ihre Betriebe eingestellt zu werden, wenn sie nach dem berufslosen Intervall mit ihren Kleinkindern wieder berufstätig werden wollen. Für ältere Kinder, etwa vom vierten Lebensjahr ab und durch die Schulzeit hindurch, mag man dann so viele Tagesmütter einstellen, wie Frauen Lust dazu haben. Denn ältere Kinder können begreifen, was hier geschieht, sie brauchen nicht durch die Entbehrung von berechtigten und von der Natur vorprogrammierten Erwartungen in existentielle Ängste getrieben zu werden. Zumindest können sie schon sagen, wo sie der Schuh drückt, und sorgsame Eltern können sich darauf einstellen. Aber daran – das muß den Diskutierenden deutlich werden – ist keineswegs gedacht. Für das Vorschulalter ist der Kindergarten, für das Schulalter die Ganztagsschule vorgesehen. Diese Fahrtrichtung zur Gleichschaltung unserer Kinder soll konstant fortgeführt werden. Die „Sozialisation" der Babys durch Tagesmütter, die sie nicht sozial, sondern unsozial werden läßt, steht im Dienste des Prokrustes: Wenn einige Kinder keine konstante Bezugsperson haben, so will man sie möglichst vielen nehmen, um ihnen allen gleich schlechte Chancen für ihr Leben zu bieten. Diese Maxime widerspricht echter pädagogischer Verantwortung, die uns verpflichtet, jedes Kind auf das ihm mögliche Optimum seiner Entfaltung zu fördern; es widerspricht auch einer staatspolitischen Verantwortung, denn mit einem Heer von Frühgeschädigten läßt sich später ein hohes Leistungs- und Lebensniveau nicht halten; das hängt von der Arbeitsfähigkeit und dem Pflichtbewußtsein der arbeitenden Jahrgänge ab. Die aber wird es nur geben, wenn genug Mütter und Väter auf dem Posten stehen, die bereit sind, für ihre Kinder die Vorleistungen Einsatz, Pflicht und Verläßlichkeit zu erbringen.

Mitverantwortung im Kindergarten?

Bei der Frage nach der Zusammenarbeit zwischen Kindergarten und Elternhaus geht es uns wie bei den vielen ähnlichen neuen Problemen, die auftauchen, wenn zwei verschiedene Institutionen oder Personenkreise im Interesse des Kindes zusammenwirken sollten, den Kindern im Krankenhaus, den Kindern in der Schule, den Jugendlichen in der Ausbildung. Zwar ist die berechtigte Forderung der Eltern nach Mitverantwortung unüberhörbar, aber in der Wirklichkeit zeigt sich, daß eine solche Zusammenarbeit nicht einfach per Knopfdruck zu praktizieren ist, sondern daß sich erhebliche Schwierigkeiten und Widerstände ergeben. Zwar leben wir jetzt alle mit der Forderung nach Mitverantwortung, wissen aber nicht, wie sie sich verwirklichen lassen soll.

Worin sind die Schwierigkeiten begründet?

In der Praxis zeigt sich nur allzuoft, daß der Versuch zur Zusammenarbeit kläglich mißlingt. Feindselig sitzen sich die Erzieher und die Eltern gegenüber, behaupten beide, das Beste für das Kind zu wollen, wobei gerade dieses die Suppe der Uneinigkeit oft allein auslöffeln muß. Es gerät in eine Kreidekreissituation, die es unsicher und orientierungslos macht, weil die Erwachsenen es für ihre Partei zu gewinnen suchen.

Fragt man solche zerstrittenen Parteien nach den Ursachen des Zerwürfnisses, so sagen die Erzieherinnen: „Die Eltern stören unseren Betrieb. Sie reden bei Dingen mit, von denen sie nichts verstehen. Sie verursachen Unruhe unter den Kindern, indem sie ihre eigenen Sprößlinge vorziehen und gegen die anderen verteidigen. Die berufstätigen Mütter, die keine Möglichkeit haben, ihre Kinder morgens zu begleiten und im Kindergarten bei ihnen zu bleiben, bekommen Angst davor, daß ihre Kinder durch ungerechte Betreuung zurückgesetzt werden könnten. Auch wir Erzieherinnen haben es viel schwerer, alle

Kinder gleich zu behandeln. Unsere Arbeit wird durch die Beteiligung der Mütter nicht besser, sondern schlechter."

Die Mütter kommen mit ganz anderen Argumenten: „Die Erzieherinnen wollen sich nur nicht in den Topf gucken lassen", sagen sie. Wenn wir keine Befugnisse haben, ihnen bei der Arbeit auf die Finger zu schauen, können sie viel leichter mit den Kindern in den alten repressiven Trott verfallen und die Kinder herumkommandieren. Viele von ihnen wollen uns einfach ausschalten, damit sie uns nicht in ihrer Machtausübung stören. Dabei wäre es auf jeden Fall zum Eingewöhnen viel besser, die Kinder hätten uns noch ein wenig in der Nähe."

Lassen sich Meinungsverschiedenheiten und Schwierigkeiten dieser Art aus dem Weg räumen?

Zunächst gilt für alle Mitverantwortungsfragen dieser und ähnlicher Art: Wir haben in Zukunft überhaupt nur die Möglichkeit, einer solchen Forderung nachzukommen, wenn wir uns *alle* um mehr Verständnis füreinander bemühen, wenn wir uns zu mehr Souveränität befreien. Eine egozentrische Mutter kann in der Tat für die Kindergartenarbeit eine schwere Last sein. Als Teilnehmermutter am Kindergartenalltag ist es nötig, nicht ausschließlich die Interessen des eigenen Kindes im Kopf zu haben, sondern sich klarzumachen, daß der „Betrieb" der Erzieherin überhaupt nur funktionieren kann, wenn bestimmte Spielregeln eingehalten werden. Diesen Regeln muß sich die Mutter unterwerfen. Das kann sie am besten, wenn sie versucht, sich in die Aufgaben der Erzieherin einzufühlen, sich mit ihr zu identifizieren. Es wird ihr dann leichter fallen, nicht zum Störfaktor oder gar Bremsklotz im Kindergarten zu werden, sondern der Erzieherin sogar eine Hilfe zu sein. Umgekehrt ist es von seiten der Erzieherin wichtig, nicht allein das reibungslose Funktionieren des Betriebes vor Augen zu haben, nicht ebenso egozentrisch den bequemsten Weg zu gehen, sondern in Anbetracht der verschiedenen Bedürfnisse von Kleinkindern auch die Belange des einzelnen im Auge zu behalten.

Nach Klärung dieser Voraussetzungen erst kann man sachlich der Frage nachgehen, ob die Eltern eine begleitende Funktion im Kindergarten übernehmen sollten oder nicht.

Bevor ich an die Einzelheiten der Erörterung dieser Fragen gehe, muß vorausgeschickt werden: Wie bei vielen derartigen Fragen um die Kinder gibt es kein Pauschalrezept, keine Pauschalanweisung. Es ist nötig, sich so genau wie möglich in das

Verhalten und die Bedürfnisse des einzelnen Kindes einzufühlen, wenn hier richtige Entscheidungen getroffen werden sollen. Es gibt zum Beispiel die unbewußt ihr Kind festhaltende Mutter, die nicht von ihm loslassen kann und durch ihr eigenes inneres Klammern das Kind davon abhält, selbständig zu werden. Solche Mütter können in der Tat den Prozeß des Eingewöhnens in die größere Gemeinschaft durch ihre ständige Gegenwart auch dort blockieren. In solchen Fällen ist ein Bewußtmachen der mütterlichen Schwierigkeit nötig, ehe sie zur Mitarbeit im Kindergarten fähig wird. Es ist aber besser, wenn diese Aufgabe von einem fremden Psychologen übernommen wird, als wenn die Erzieherin des Kindes sich an dieser Aufklärungsarbeit versucht.

Von solchen Sonderproblemen abgesehen, ist die Begleitung der Mutter im Eingewöhnungsprozeß der Kindergartenatmosphäre außerordentlich begrüßenswert, besonders bei sehr jungen Kindern, die erstmalig mit einer größeren Schar von Gleichaltrigen konfrontiert werden. Junge Kinder erleiden, wenn man sie dieser ganz fremden Situation abrupt aussetzt, einen Trennungsschock, der negative Folgen haben kann. Er kann bewirken, daß das Kind sich in den nächsten Tagen und Wochen weigert, wieder in den Kindergarten zu gehen. Darüber hinaus kann sich der Schock auch auf andere ähnliche Situationen übertragen und gar noch als Schulphobie neu in Erscheinung treten. Zwingt man das Kind brutal, läßt man es in den ersten Tagen und Wochen der Kindergartenzeit schreiend oder sich dort stumm isolierend allein, so kann schließlich eine Verdrängung des Traumas einsetzen und bewirken, daß die Not später wieder belebt wird und zu neurotischen Störungen oder auch zu inadäquaten Reaktionsformen führt.

Junge Kinder, mit denen durch den Kindergartenbesuch der erste Versuch unternommen wird, sie über mehrere Stunden von der Bezugsperson und der häuslichen Umgebung abzulösen, überstehen diesen Vorgang erfahrungsgemäß leichter ohne seelische Verletzungen, wenn sie die Möglichkeit haben, sich allmählich von der Mutter zu trennen. Drei- bis Sechsjährige haben die Bezugsperson, an die sie gebunden sind, im allgemeinen noch als Sicherheitsbasis nötig. Sie sind in all ihrem lebhaften Eroberungsdrang und all ihrer berechtigten Neugier auf die Welt doch noch darauf angewiesen, gelegentlich wie ein Jagdflugzeug auf den Flugzeugträger zu ihrer Mutter zurückkehren zu können. Sie haben es noch nötig, die Verläßlichkeit des heimatlichen Hafens zu erleben. Im Leben des Menschen entstehen später weniger charakterliche Nöte, wenn die Erzieher behutsam mit dem Kind umgegangen sind und ihm diese Zeit des allmählichen Sichablösens ermöglicht haben. In vielen Fällen ist es sogar besser, wenn die Kinder ihre Mutter gar nicht immer im Blickfeld haben; sie müssen aber wissen: Mutter ist nebenan. So können sie immer einmal wieder zu ihr zurückkehren.

Die Mitverantwortung der Eltern im Kindergarten sollte nicht darin bestehen, eine besserwisserische Kontrollfunktion über die Erzieherinnen auszuüben, sondern darin, durch ein allmähliches Zurückziehen dem eigenen Kind den Eingewöhnungsprozeß zu erleichtern. In der Erstphase ist es wünschenswert, daß die Mütter im selben Raum bleiben und möglichst unbeteiligt, mit einer Zeitung, einem Buch oder einer Handarbeit beschäftigt, den Kindern nur noch den Rückhalt bieten, ohne noch Ansprüche an sie zu stellen oder durch zuviel Beschäftigung mit anderen Kindern die Eifersucht der eigenen zu erregen und Interessen auf den mütterlichen Bereich zurückzubinden.

Wo genug Räumlichkeiten vorhanden sind, sollte es für die nächste Phase einen „Mütterraum" geben, wo sich Mütter aufhalten und von ihren Kindern aufgesucht werden können.

In der dritten Phase wäre die Mitarbeit der Mutter in einem Raum, in dem sich das eigene Kind nicht aufhält, angebracht.

Erst in der vierten Phase sollte eine Mutter mitagierend in dem Raum sein, in dem auch ihr eigenes Kind spielt. Erst dann läßt sich von einer eigentlichen Mitverantwortung für den Betrieb durch die Mutter sprechen, da sie dazu erst wirklich fähig ist, wenn ihr eigenes Kind weitgehend von ihr gelöst und in die Kindergartenfamilie integriert ist. Bei sehr schüchternen Kindern ist es in der ersten Phase auch möglich, die Zeit der Anwesenheit im Kindergarten zu begrenzen und ihnen erst allmählich einen Aufenthalt über Stunden in der Tagesstätte zuzumuten.

Erzieherinnen und Mütter können eine optimale Zusammenarbeit um so besser zustande bringen, je mehr in Elternabenden die grundsätzlichen Schwierigkeiten aus dem Weg geräumt sind und je mehr beide „Parteien" sich als bewußte, mündige Wesen erleben, die bereit sind, miteinander Schwächen zu überwinden, und durch die Arbeit an der gemeinsamen Aufgabe in der Lage sind, miteinander in kooperativer Fairneß umzugehen.

Spielende Kinder
brauchen verständige Eltern

Wenn man die Eltern von Kindern, die Schulschwierigkeiten haben, in der Praxis nach deren Spielverhalten fragt, so wird oft zu allen Klagen eine weitere hinzugefügt: „Nein", sagen die Mütter in vielen Fällen, „unser Junge kann sich auch in der Freizeit nicht wirklich beschäftigen. Früher tobte er zwar viel umher, aber über längere Zeit bei einem Spiel zu bleiben, allein etwas zu bauen oder zusammenzubasteln, dazu fehlt ihm die Ausdauer. Seit er älter ist, hat er einfach zu gar nichts mehr Lust. Fernsehen und die Lesemappen anschauen – das tut er gerade noch; aber meistens langweilt er sich, wenn die Schule vorbei ist."

Und auch das Umgekehrte trifft zu: Kinder mit einer guten, unbeschwerten Schulfähigkeit sind meist in der Lage, sich einfallsreiche Spielnachmittage zu gestalten. Ja, man kann sogar als Psychagogin noch eindrucksvollere Erfahrungen machen: Sind die Kinder im Laufe einer Theapie erst wieder in der Lage, mit Lust, Einfallsreichtum und Ausdauer zu spielen, so steigert sich meist auch proportional die Schulfähigkeit.

Kinder zur Spielfähigkeit zu erziehen, so ergibt sich aus solchen Beobachtungen, bildet eine wesentlich bessere Voraussetzung, um einen Menschen zu einer optimalen Entfaltung seiner Seele und seines Geistes zu bringen, als etwa eine einseitige, verfrühte intellektualistische Dressur. Kinder, die bereits im Laufstall das Abc lernen mußten, Kinder, die man im Vorschulalter mit dem Lernen der lateinischen Benennungen der Geschlechtsorgane traktierte, haben, wenn das auf Kosten der Spielzeit geht, viel weniger Aussicht, erfolgreiche Schüler zu werden, als die, die man in der Vorschulzeit zum Spielen anregte.

Ich will in diesem Aufsatz versuchen, zu beschreiben, in welcher Weise hier Eltern wirksam werden können; aber bevor ich damit beginne, soll zunächst die bereits angeschnittene Frage beantwortet werden: Woran mag es denn liegen, daß heute immer weniger Kinder eine differenzierte Spielfähigkeit erwerben, was hindert sie daran, diese doch jedem Kind eingeborene Begabung zu entfalten? Eines der Haupthindernisse für unsere Kindergeneration, das Spielen zu lernen, liegt in der Gefahr der Reizüberflutung. Ein den ganzen Tag durch das Wohnzimmer flimmernder Fernsehapparat, eine ununterbrochene Lärmkulisse durch Radiogetöse, eine hektische, lärmreiche Alltagsatmosphäre sind erste Ursachen zur Lähmung der Impulse des Kindes. Eine weitere gravierende Ursache besteht in der Versuchung der Erwachsenen, die Kinder mit viel zuviel vorgefertigtem Spielzeug zu überhäufen: Autos, die auf Knopfdruck irgend etwas machen, Maschinen, die man mit Hebelgriff bedient, fordern unsere Kinder nicht heraus, sich etwas einfallen zu lassen. Diese Dinge beschäftigen das Kind zwar, aber sie regen seine Phantasie und seinen Erfindungsgeist nicht an, sie schütten diese Begabungen viel eher zu. Deshalb hat ungeformtes Material, Ton, Sand, Lehm, Holz, Stein, Wasser und Farben, einen viel höheren pädagogischen Stellenwert als unsere in der Superspielzeugindustrie hergestellten Sachen. Viele davon erfreuen die Kinder nur sehr kurz, verwöhnen sie durch die Leichtigkeit der Bedienung und machen sie daher auch nur kurzfristig glücklich. Denn auf die Dauer wird der Mensch allein dadurch zufriedener, daß sich durch die Bewältigung von Schwierigkeiten seine Fähigkeiten und sein Selbstwertgefühl stärken. Seine Freude an Aktivität, am „Knacken der Nüsse" steigert sich auf diese Weise und schafft so die Voraussetzungen zur Gestaltung und Bewältigung der Schwierigkeiten des Lebens, die ausnahmslos auf jeden Menschen zukommen.

Ein weiteres großes Hindernis, das Spielen zu lernen, liegt für unsere modernen Kinder häufig auch darin, daß man ihnen unbedacht und aus Unkenntnis vorenthält, die entwicklungsnotwendigen Aufgaben, die jede einzelne Lebensphase hat, erfüllen zu können, oder andere zu früh an sie heranträgt. So muß zum Beispiel ein Säugling lernen, sich durch eine langfristige Anstrengung – mehrere Male pro Tag zwanzig Minuten lang – seine Nahrung zu ersaugen. Nimmt man ihm das ab, indem man ihn zu rasch und zu leicht füttert, so wird seine Aufmerksamkeit im Kleinkindalter nicht von den sogenannten „oralen" Vorgängen gelöst, sondern sein Hauptinteresse besteht weiter in dem suchtartigen Suchen nach Gegenständen, die belutscht werden, die man an sich reißt und sich einzuverleiben trachtet, um dieses Defizit zu beseitigen. Solche völlig unbewußten Dränge stören das Kind. Sie hindern es daran, innerlich frei zu sein für die Konzentration auf ein Spiel und die Überwindung von Widerständen, die das Material bietet. Solche Kinder sind aufgrund ihrer inneren Spannung „kurzatmig", sie können keine Durchhaltefähigkeit, keine konzentrierte Ausdauer entwickeln. Das passiert heute nicht nur durch die Verwöhnung bei der Fütterung. Auch die Notwendigkeit, in der ersten Lebenszeit durch viel Körperkontakt „mutter-satt" zu werden, kann fundamental gestört werden, wenn man die Kinder wie Postpakete behandelt, die man in seinen Tagesplan organisierend, schiebend einbaut. Solche Kinder klammern dann häufig im Kleinkindalter, sie sind von einer großen inneren Unruhe besessen, nur ja genug auf den Schoß genommen zu werden, und dergleichen mehr, so daß wiederum der altersentsprechende Spaß, die Umwelt zu erkunden und sie spielend in Besitz zu nehmen, behindert wird. Viele andere unserer modernen Kinder werden im Vorschulalter aufgrund einer kritiklos übernommenen Modernität ihrer Eltern mit der Sexualität und der Nacktheit der Erwachsenen konfrontiert, die ihre Gedankenwelt und ihre Phantasie meist angstvoll so blockieren kann, daß eine unbekümmerte Spielfreudigkeit nicht möglich ist. Sie wird von der Übermächtigkeit der drastischen Eindrücke überdeckt und gefangengehalten.

Verständige Eltern können solche groben Nöte und folgenschweren Handikaps ihrer Kinder vermeiden. Wenn die Grundbedingungen für die Entwicklung einer gesunden Spielfähigkeit erfüllt sind, können sie durch eine aufmerksame Einstellung gegenüber den Spielen ihrer Kinder eine ganze Menge Förderliches tun. Wichtig ist es, bereits den ersten Spielversuchen der Kinder mit bejahender Offenheit und Wachheit zu begegnen, ohne sich unentwegt und unüberlegt einzumischen. Schon ein lächelndes Kopfnicken ist wichtig, wenn das dreivierteljährige Krabbelkind mit einem Gegenstand auf den Boden schlägt und dabei lustvoll den selbsterzeugten Laut, die erste Freude am Tun erlebt. Es ist wichtig, die erste zarte Aufforderung zum Spielkontakt anzunehmen, wenn das auf dem Boden sitzende Kleinkind den Ball in die Richtung der Mutter schubst. Es kann Schicksalsweichen stellen, wenn sie den Ball mit einem fröhlichen Laut in die Hände des Kindes zurückrollen läßt; es kann hingegen viele negative, kontaktbehindernde Folgen haben, wenn solche Angebote des Kindes konstant übersehen oder gar unterbunden werden. Für die weitere seelisch-geistige Entwicklung ist es unermeßlich wichtig, daß das erste Guck-Guck-Spielen, das so lustvolle Verstecken und Wiederhervorkommen der Kinder, mit korrespondierender Freude beantwortet wird. Für das Kind sind diese Spiele im Grunde ernsthafte Aufgaben; sie sind die ersten tastenden Versuche auf den Umgang mit Menschen und Dingen zu. Das Kind wird von innen her triebhaft zu Verhaltensweisen dieser Art genötigt und braucht dringend Ermutigung und Unterstützung durch die Bezugspersonen, braucht ihr Reagieren und gelegentlich auch behutsames Weiterführen und Anregen. Grundsätzlich läßt sich sagen, daß es für eine optimale geistig-seelische Entfaltung außerordentlich wichtig ist, daß Eltern nicht unentwegt mit ihren Kindern etwas machen, anordnen, etwas vorhantieren, sondern daß sie von ihren Kindern deren altersentsprechende Spielbedürfnisse ablauschen und diese unterstützen oder vielleicht auch durch entsprechende Gerätschaften fördern. Verspätungen oder Verfrühungen werden leichter vermieden, wenn Eltern sich hier mehr von der Beobachtung ihrer Kinder leiten lassen, als wenn sie sich nach einem starren Prinzip oder gar einem theoretischen Plan, den sie aus irgendeinem papierenen Konzept beziehen, richten. So wird jede sorgsame Mutter, jeder dem Kind zugewandte Vater feststellen, daß ein gesund entwickeltes Kind spätestens im zweiten Lebensjahr einen sich von Tag zu Tag steigernden Bewegungsdrang zeigt. Es versucht, die Stühle zu erklettern, es muß fortgesetzt irgendwo herunterspringen, es fängt an, jedes Mäuerchen als Balance zu benutzen usw. Eltern können dieses fröhlich unterstützen; man fährt das Kind nicht mehr im Wagen durch den Wald, man läßt es auf den Holzstämmen balancieren, man sperrt es nicht in einem Laufstall ein, sondern geht mit ihm auf Spielplätze, auf denen Klettergeräte sind. Oder man entdeckt im dritten Lebensjahr des Kindes die uns Erwachsenen so befremdliche Anziehungskraft von Pfützen mit Dreckwasser, im fünften Lebensjahr die nicht ungefährliche Lust zu zündeln. Nicht alle Erwachsenen haben Geduld, die Fabulierfreude der Vierjährigen anzunehmen oder Verständnis zu entwickeln, für die stundenlangen Freuden der Kinder, mit Wasser zu spielen. Und doch enthalten gerade diese Lüste, die das Kind phasenweise nötigen, stundenlang das gleiche zu tun, wichtige Entwicklungsschritte, die gefördert und durchlebt werden müssen, wenn wir nicht die Entwicklung behindern wollen, wenn wir die Basis dafür legen wollen, daß diese Kinder frei werden für die Aufgaben des Erwachsenenalters, statt später weiter an die ungelösten Bedürfnisspannungen der ersten Kinderjahre fixiert zu bleiben. Alle guten Spiele enthalten Vorstufen zur schöpferischen Gestaltungskraft des Menschen. Kinder, die mit den Grundelementen umzugehen gelernt haben, entwickeln schon als Fünf-, Sechsjährige eigenständig Erfindungsgeist und Einfallslust, sie fangen an, Vorgänge darzustellen, zeichnend, bauend, fabulierend oder im mimischen Rollenspiel. Es gehört zu dem schönsten Bereich psychagogischer Arbeit, die Phantasie kranker Kinder wieder zu wecken und die atemberaubend interessanten und vielfältigen Spielinhalte der Kinder zu verfolgen, zu beobachten und zu hinterfragen. Eltern, die eine zugewandte, hellhörige, aber nicht unentwegt dirigierende Haltung einnehmen, wenn ihre Kinder spielen, können die beglückende Erfahrung machen: daß sich die Fülle der Phantasie verstärkt, daß Spiellust und Spieldauer zunehmen. Förderlich ist es, wenn wir das noch unbeholfen gemalte Bild unseres Vierjährigen betrachten, uns daran freuen, es vielleicht auch für eine Weile an die Wand hängen oder den anderen Familienmitgliedern zeigen. Notwendig ist es, wenn wir den Kätzchenspielen unserer Sechsjährigen in der Rolle der Mutterkatze begegnen, das heißt ein Stück mit hineingehen in das Spiel, rollengemäß antworten. Es ist nicht nur sinnvoll für die Entwicklung unserer Kinder, sondern höchst aufschlußreich, wenn wir zum Beispiel mit unseren Grundschulkindern „Mutter und Kind" spielen und dabei selbst die mehr passive Rolle des Kindes übernehmen. Unser Kind hält uns, ohne das selbst zu wissen, durch sein Spiel einen Spiegel vor über unsere Umgangsweise mit den eigenen Sprößlingen. Wenn wir nur wach genug sind, können wir selbst von unseren Kindern am besten das Spielen lernen und darüber hinaus manches Wissenswerte, das uns längst verlorengegangen ist. So zeigen die Kinder in ihren Spiel- und Malinhalten in symbolischer Form häufig ihre eigenen inneren Spannungen und Konflikte auf. Kinder, die zum Beispiel mit einer großen inneren Bedürfnisspannung zum gierigen Haben und Raffen ausgestattet sind, neigen dazu, sich als Fuchs darzustellen oder von füchsischen Raubzügen zu berichten. Kinder, die es nicht schaffen, sich selbst zu verteidigen, spielen besonders gern „bissiger Hund", „Krododil" oder dergleichen. Es gibt, vor allem bei den kleinen Mädchen, eine Phase, in der sie ihre Geltungswünsche in Prinzessinnenphantasien zum Ausdruck bringen. Bei Jungen tritt im Grundschulalter der Wunsch nach heldischer Stärke durch Imitationen von Indianern, Seeräubern oder Cowboys in Erscheinung. Wir können über das Innenleben unserer Kinder und den Stand ihrer Entwicklung sehr viel mehr erfahren, wenn wir ihr Spielen hellwach beobachten. Das hat darüber hinaus noch zwei außerordentlich positive Folgen: Unser Verstehen erhöht unsere Toleranzbreite, macht es uns möglich, mit Freude zu ertragen, daß unser Siebenjähriger über Stunden als kriegerischer Negerfürst die Trommel rührt. Es führt darüber hinaus dazu, daß uns der Alltag mit unseren Kindern nicht nur eine Nervenbelastung wird, sondern als eine farbig schillernde Lebensphase erscheint, in der wir selbst durch unsere Kinder reicher und lebendiger, statt ärmer und stumpfer werden. Der Lohn solcher unbeschwerten Mühe tritt sehr bald in Erscheinung; denn auch beim Erzählen der ersten Erlebnisse aus der Schule haben Kinder die gleiche Fähigkeit und Freude, die sie entwickelten, als Mutter ihren ersten Erzählungen zuhörte, sie vielleicht sogar aufschrieb oder gar auf Tonband aufnahm. Schon im Werken, im Zeichnen, beim Sport, ja bei den abstrakteren Schulfächern zeigt sich, daß die Kinder, die spielen gelernt haben, ihren Altersgenossen überlegen sind, und all diese Fähigkeiten können zu einem unübersehbar wichtigen Startbrett für den Flug in das Erwachsenenleben werden. Kürzlich reichte mir ein junger Mann, der sein Abitur mit einem Durchschnitt von 1,3 bestanden hatte, auf der Suche nach dem richtigen Beruf ein glänzend geschriebenes, ebenso aktuelles wie originelles Drehbuch ein. Ich fragte ihn nach seiner Kindheit, und er sagte lachend: „Ich glaube, am wichtigsten war, daß es bei uns keinen Fernsehapparat gab und meine Mutter mit uns Kindern großartig zu spielen verstand."

Lesen und Familie*

Die Leselust des Erwachsenen bildet die Voraussetzung zur Erweiterung seines Wissens, zur Steigerung seiner Einsichts- und Kritikfähigkeit. Das Lesen erweitert damit den geistigen Spielraum des Menschen, fördert seine Freiheit. Das Leseinteresse zu wecken ist deshalb eine entscheidend wichtige Aufgabe der Schule, gelingt dort aber keineswegs selbstverständlich. Die Wahrscheinlichkeit, daß ein Mensch zum Leser wird, ist außer von der Schule weitgehend auch von der Umwelt abhängig, in der ein Kind aufwächst. Im allgemeinen hat sich die Faustregel statistisch als richtig erwiesen: Wo in der Umwelt gelesen wird, erwacht auch in den Heranwachsenden mit größerer Wahrscheinlichkeit das Interesse am Lesen. Dennoch ist das, wie die Praxis zeigt, heute bereits eine Regel mit vielen Ausnahmen. Zunehmend häufiger wird in der psychagogischen Praxis auch von Eltern, die einen akademischen Beruf haben – selbst von Studienräten, Professoren und Pastoren –, darüber geklagt, daß ihre Kinder und Jugendlichen ans Lesen nicht zu „schlagen" seien. Zum Erheben der Vorgeschichten von solchen Kindern, beim Hinhören auf das Erziehungsklima, in dem sie aufwuchsen, zeigt sich dann auch mit großer Regelmäßigkeit, daß das Vertrauen auf die Nachahmungsbereitschaft der Kinder heute allein noch nicht ausreicht, um die Weiche zum Leseinteresse zu stellen. Es hat sich vielmehr herausgestellt, daß ein ganzes Bündel von Voraussetzungen in den Familien geschaffen werden muß, um die Wahrscheinlichkeit zu vergrößern, daß ein Mensch Freude am Lesen entwickelt. Von ihnen soll in den folgenden Ausführungen die Rede sein, um die Frage

* Aus: Lesen und Leben, Festschrift zum 150jährigen Jubiläum des Börsenvereins des Deutschen Buchhandels, Frankfurt a. M. 1975.

zu beantworten, was nötig ist, um Kinder durch die Beeinflussung in den Familien zu Lesern zu machen.

Die entscheidende Weiche im Leseschicksal des Menschen wird mit den Erlebnissen des Kindes beim Lesenlernen gestellt. Entstehen bei diesen Vorgängen zunehmend mehr positive Gefühle, die Erfahrung: Ich kann das, ich schaffe das, ich kann jetzt mehr lernen, ich kann mir allein etwas aneignen, was ich wissen will, ich werde unabhängig, selbständig, zufrieden – dann verknüpfen sich diese Gefühle mit dem Gegenstand „Buch" und führen zu mehr und immer neuer und differenzierender Beschäftigung mit ihm.

Daß diese lustvollen Verknüpfungen in dem Kind entstehen, ist ein verantwortungsschweres Geschäft der Lehrer im ersten und zweiten Grundschuljahr, denn sie können durch Überforderung und zu scharfe Kritik hier oft für alle Zeiten eine negative Einstellung einbahnen. Dieser Gefahr kann und sollte aber in den Familien und durch die Erziehung der Kinder vorgebeugt werden, und zwar längst bevor die Kinder in die Schule kommen. Die Voraussetzung dazu, ob ein normal begabtes Kind sich beim Lesenlernen schwer oder leicht tut, ist keineswegs allein eine Sache seiner Merkfähigkeit. Lesenlernen können ist von vielen weiteren Faktoren abhängig, unter anderem von der Fähigkeit, eine Sache genau und gründlich zu beobachten, von der Konzentration auf einen bestimmten Sachverhalt, ohne sich ablenken zu lassen, von der Fähigkeit, auch gegen einen sperrigen Widerstand des Nichtverstehens ausharren zu können, bis ein Erfolg eintritt, und von dem neugierigen Interesse, mehr können und wissen zu wollen. Diese Voraussetzungen entstehen nicht plötzlich ruckartig im Schulalter. Sie haben vielmehr bereits einen langen Werdegang hinter sich, wenn das Kind in die Schule eintritt; denn die ersten, ja die entscheidenden Grundlagen zu Fähigkeiten dieser Art werden bereits im Säuglingsalter gelegt.

Ich habe in meiner psychagogischen Praxis folgende Erfahrung gemacht: Manche Kinder, die unfähig waren, das Lesen zu erlernen, hatten eine angeborene Legasthenie, manche einen hirnorganischen Schaden, aber die meisten waren unter Bedingungen groß geworden, die die oben aufgezählten Voraussetzungen zum Lesenlernen nicht geschaffen hatten. Zunächst haben wir das an den Heimkindern gelernt: Sie tun sich besonders schwer, das Lesen zu lernen, wenn sie schon als

Säuglinge im Heim waren und dort von häufig wechselnden Pflegerinnen betreut wurden. Da auch unsere Familienkinder heute in zunehmendem Maße unter heimähnlichen Bedingungen aufwachsen (etwa dadurch, daß die Mütter berufstätig bleiben und die Säuglinge von wechselnden Personen betreut werden), konnte man bereits vor zehn Jahren voraussagen, daß die Zahl unserer Leseschwächlinge in den Schulen sehr stark ansteigen würde. Ich habe diese Prognose bereits 1960 immer wieder in der Öffentlichkeit deutlich zum Ausdruck gebracht, ohne daß Ärzte und Pädagogen es für nötig erachteten, kollektive Prophylaxe zu betreiben. Der erste Schritt zu einer konzentrierten Beobachtungsfähigkeit wird nämlich bereits im sogenannten „Schaualter" des Säuglings, zwischen seinem dritten und sechsten Lebensmonat, vollzogen. Vom dritten Lebensmonat an entwickelt jedes normale Kind das Bedürfnis, sein Gegenüber intensiv und genau zu fixieren. Dieses instinktive Verhalten hat einen lebensnotwendigen Sinn: Es führt dazu, daß das Kind die pflegende Person kennenlernt, aufgrund seines genauen Hinschauens wiedererkennt und sich an die Person bindet, die es pflegt. Das Wiedererkennen und Sichbinden ist das Ziel einer Instinkthandlung, die angeborenerweise „vorgeschrieben" ist, denn sie erhöht die Überlebenschance des Kindes. Wir wissen nun sehr generell: Werden existenzwichtige Triebhandlungen des Menschen immer wieder unterbunden, so kommt es zu Störungen, schließlich generell zu Hemmung und Behinderung jener Tätigkeit. Bei dem sogenannten intentionalen Antrieb ist das nicht anders: Führt das Hinschauen nicht dazu, die „Richtige" herauszufinden und kennenzulernen, so wird unter Angst der Antrieb „Anschauen" schließlich auf der ganzen Linie verdrängt und nicht mehr ausreichend getätigt. Dadurch fällt eine Übung der Beobachtungsfähigkeit, ja der Möglichkeit, kognitive Prozesse zu vollziehen, im schlimmsten Fall ganz aus, und damit eben leider auch später die Möglichkeit, das Lesen zu lernen. Das kann bei Säuglingen geschehen, wenn nicht *eine* Person vornehmlich pflegt, sondern viele Personen sich in diese Aufgabe teilen. Es geschieht aber auch, wenn bereits in diesem frühen Lebensabschnitt eine Überreizung des Kindes mit Sinneseindrücken vollzogen wird durch viele, immer wieder rasch wechselnde Eindrücke (Fernsehen, Reisen) oder durch die Beschäftigung zu vieler Personen mit ihm. Alle diese dem Säugling unangemessenen Gegebenheiten führen in einen Abwehrmechanismus der Gleichgültigkeit, die beobachtendes Lernen später ganz generell erheblich erschweren kann.

Die erste Voraussetzung zur Leseerziehung liegt also bereits in der angemessenen Pflege des Kindes durch die Mutter. Deshalb haben diejenigen Eltern mit hoher Wahrscheinlichkeit später ruhige, interessierte, lesefreudige Schulkinder, bei denen die Mutter nicht zu arbeiten brauchte, bei denen in der ersten Lebenszeit eine möglichst ruhige, möglichst wenig wechselnde Umwelt geschaffen wurde, in der dem Kind – zunächst über den Kontakt zu den nächsten Familienangehörigen – der Weg in die Welt vorgebahnt wurde.

Bereits in dieser Phase muß das Kind sehr behutsam mit den Gegenständen der Umwelt vertraut gemacht werden, indem sie gezeigt und benannt werden. Das behutsame ,,Auffordern zur Welt hin'' jenseits des ersten Lebenshalbjahres ist eine ganz wesentliche Voraussetzung und Vorbereitung zum Leseinteresse. Dieses Interesse kann vom zweiten Lebensjahr an durch Leporello-Bilderbücher ganz gezielt weiter gesteigert werden, indem Kind und Bezugsperson miteinander in fröhlichem Plaudern und Hantieren das Bilderbuch besehen. Hier werden die ersten positiven Valenzen zu dem Gegenstand Buch bereits vorgebahnt, versäumt oder verschüttet. Hier kann auch viel Trauma, viel negative Verknüpfung erfolgen, wenn statt der Anregung zum Buch durch gemeinsame besinnliche Bildbetrachtung immer nur das drohende Strafgericht einsetzt, wenn das Zweijährige den elterlichen Bücherschrank auszuräumen sucht. Grundsätzlich läßt sich sagen: Die Valenzen, die der Gegenstand Buch auslöst, müssen von Anfang an vornehmlich positiv sein, wenn das Interesse dafür später wachsen soll. Bei den Kleinkindern ist das zunächst durch liebevollen, leibnahen Kontakt (auf dem Schoß sitzen) ohne Krampf zu erreichen, wenn man bereit ist, dem Kind seine Zeit und seine Hinneigung zu schenken. Ohne viel emotionale Zuwendung durch die Erwachsenen ist das geistige Interesse der Kinder nur sehr schwer zu wecken und vorzubereiten.

Eine zweite wichtige Voraussetzung, die geschaffen sein müßte, um den Engpaß des Lesenlernens zu überwinden, ist die Einbahnung von Geduld, Ausdauer, Beharrlichkeit und Durchhaltefähigkeit in dem Kind. Ohne sie hält das Kind der Mühsal des Lesenübens im Grundschulalter nicht stand, gibt auf, resigniert zu früh, so daß Teufelskreise eingeschliffen werden. Die Einübung und Vorbahnung dieser Eigenschaften muß ebenfalls durch die gesamte Kleinkinderzeit hindurch erfolgen. Auf sie muß in unserer Zeit ganz besonders viel Wert gelegt werden, weil unsere Kinder durch die Technisierung unseres Lebens häufig zu früh in eine Lebenserleichterung getrieben werden, die für sie Lebensschwächung bedeutet, da sie durch Verwöhnung in ihrer Aktivität generell blockiert werden. Bequemes Leben, angefangen von der Breinahrung über das technisierte Spielzeug bis zum Fernseher schadet unseren Kindern. Sie erleben die Aufforderung, sich um das Lesen eines Stoffes zu bemühen, dann sehr rasch als Überforderung und reagieren mit Abwehr, Protest und Blockierung des Lernvorganges. Eine der ersten Voraussetzungen zum Lesenlernen ist infolgedessen bereits die Erziehung des Säuglings zur Arbeit. Die seinem Lebensalter angemessene Arbeit ist das angestrengte Saugen. Gesäugte Welpen werden bessere Jagdhunde, gesäugte Menschen werden meiner Beobachtung nach auch in geistigen Tätigkeiten zäher, durchhaltender, erfolgreicher. Wer diese Perspektiven rechtzeitig sah, konnte mit dem totalen Abschaffen des Stillens in unserer Wohlstandsgesellschaft die „Faulheit" der Schulkinder und damit auch die Verringerung ihres Leseinteresses voraussagen. (Die „Abschaffung" des Stillens ist für die Menschheit ähnlich folgenschwer, ja wenn nicht noch folgenschwerer, als die Wasser- und Umweltverschmutzung – leichtfertige Folge einer Technisierung, die durch unzureichende Kenntnis der Zusammenhänge den Menschen gefährdet, weil die Konsequenzen von den maßgeblichen Wissenschaftlern nicht übersehen und skandalöserweise heute teilweise immer noch nicht angenommen werden.) Das Leseinteresse des Menschen kann nur wachsen, wenn das Kleinkind gelernt hat, Herausforderungen anzunehmen und anzupacken. Verwöhnte Fernsehkinder haben durch eine Erziehung zur Passivität und Reizabstumpfung durch Reizüberbürdung wenig Chancen. Wer heute Kinder zum Lesen erziehen will, sollte den Fernsehapparat abschaffen oder wenigstens in einem Raum unterbringen, der den Kindern nur ausnahmsweise zugänglich ist. Die Mütter sollten sich um eine halb- bis dreivierteljährige Stillzeit mühen (Stillfähigkeit ist abhängig von guter Anfangsanleitung und von Stillwilligkeit!) und sollten ihre Kinder mit wenigem, möglichst ungeformtem, den Gestaltungswillen herausforderndem Spielmaterial umgeben. Die Elemente (Erde, Wasser, Ton, Holz) sind dem Kleinkind viel angemessener als die vorgeformten, geistlos hergestellten Machwerke, die heute als Spielzeug angeboten werden. Wer die Phantasie des Kindes tötet, statt sie anzuregen, hat wenig Aussicht, daß das Kind sich für Bücher mit „Geschichten" interessiert.

Eine weitere wichtige Voraussetzung für das Leseinteresse ist die hinreichende motorische Absättigung der Kinder im Vorschulalter. Es gibt heute noch eine Menge Mütter, die ihre Kinder angebunden über Stunden in den Betten liegen lassen, die sie bis ins dritte Lebensjahr in einem gefängnisartigen Laufgitter unterbringen und die dann die Erfahrung machen, daß eine motorische Unruhe der Kinder weit über das Kleinkindalter hinaus eine Quelle von Schwierigkeiten wird. Man kann nicht die nötige Ruhe und Geduld zum Lesen entfalten, wenn die alten ungesättigten Bedürfnisspannungen das Kind chronisch zum Zappelphilipp machen! Konrad Lorenz hat bereits bei Tieren herausgefunden, daß ihre Neugier auf unbekannte Gegenstände sich nur entfaltet, wenn sich die primären vitalen Bedürfnisse in einem Zustand der Befriedigung befinden. Die Neugier des Menschen, unbekannte geistige Gefilde zu entdekken, ist ebenfalls erst dann zu aktivieren, wenn seine zentralen Bedürfnisse einigermaßen befriedigt sind. Ein solches „entspanntes Feld" muß lange vorbereitet sein, muß phasenspezifisch sorgsam beackert sein, ehe das Kind zu einem lesenden Menschen werden kann. Die Beachtung der Tatsache, daß Kinder im Kleinkindalter die existentielle Aufgabe haben, ihren Bewegungsapparat zu üben und Körperbeherrschung zu lernen, ist eine wichtige Komponente zur Vorbereitung des Leseinteresses im Grundschulalter. Andererseits haben die Erfahrungen der letzten Jahre bestätigt, daß eine frühe Lesedressur im Kleinkindalter, wie Prof. Lückert sie empfiehlt und durch entsprechende Verfahren zu verbreiten sucht, keineswegs die Garantie bietet, daß Kinder zu lesefreudigen Menschen werden. Verfrühung, auf welchem Sektor auch immer, ist eine Machtanmaßung des Menschen, der damit in den seelischen Reifeprozeß eigenmächtig eingreift. Die verfrühten Leser entwickeln leider häufig eine unbestimmte Abneigung gegen das Buch und seine Buchstaben, weil sie sich zu gewollt, zu früh haben mit ihnen beschäftigen müssen.

Über diese grundsätzlichen und grundlegenden Voraussetzungen hinaus kann die Familie auch im Grundschulalter der Kinder sehr daran mitwirken, daß ihr Leseschicksal sich positiv gestaltet. Ist in bezug auf die Lesemethode Wahlmöglichkeit gegeben, so läßt sich sagen: Für durchschnittlich begabte Kinder, die in der eben geschilderten Weise durch die Kleinkinderzeit hindurch in der Familie gefördert wurden, ist es gleichgültig, ob sie nach der Ganzwortmethode oder nach der synthetischen Lesemethode unterrichtet werden. Sie lernen es auf die eine wie auf die andere Weise erfahrungsgemäß ebensogut. Für Kinder ohne diese Vorbildung, für die intentional geschädigten und die verwöhnten, zur Passivität verzogenen Kinder ist die Ganzwortmethode die ungünstigere. Das Erleben einzelner Eindrücke, das Kennenlernen durch Wiederholung des immer Gleichen, das eine Hauptvoraussetzung kognitiver Prozesse ist, läßt sich durch die synthetische Methode, durch das viele Schreiben der einzelnen Buchstaben vor allem, besser nachholen.

Aber auch wenn solche Wahlmöglichkeiten nicht bestehen, selbst wenn sich die Lehrer als nicht sonderlich geschickt erweisen, brauchen die Eltern nicht die Flinte ins Korn zu werfen, falls sie ihr Kind lustlos oder gar bereits angewidert und verzweifelt vor Fibel und Lesebuch hocken sehen. Eltern sollten in diesem Stadium auf gar keinen Fall wilde Zwangsaktionen mit ihren Kindern unternehmen; lange Übungsstunden mit Schimpfkanonaden und Ohrfeigen bringen keine Leseratten hervor, sondern auch und gerade bei Lehrerkindern die unbezwingbare, oft lebenslängliche Abneigung gegen das Lesen. Ich habe in meiner Praxis hochbegabte Studienratskinder erlebt, die aus Verzweiflung und Protest gegen die aus Angst brutalen und überfordernden didaktischen Methoden beim Lesenlernen ins totale Schulversagen, in die Haschischsucht, ins Gammlertum, ja in die Kriminalität gingen, weil der ungeschickte Ehrgeiz ihrer Eltern sie in das totale Renegatentum trieb.

Engpässe dieser Art lassen sich nicht mit Gewaltmaßnahmen überwinden. Zeigt sich massive Unlust gegen die Leseforderung innerhalb der ersten Schuljahre, so sollte man auf gar keinen Fall weiter antreiben, sondern den Bereich Lesen ganz vom Schulbereich abtrennen. Gelesen wird dann eben nicht mehr für die Schule, gelesen wird zur Gemütlichkeit, zum Vergnügen. Um das Kind zu einer solchen positiven Valenz umzubahnen, hat es sich sehr bewährt, unser Volksbüchereiwesen in

Anspruch zu nehmen. Der Eigenbesitz von Büchern hilft einem Kind im Initialstadium noch sehr wenig – im Gegenteil, er kann lästig und hinderlich sein. Das neue, das unbekannte Buch lockt. Es lockt das noch leseungewandte Kind durch eine eindrucksvolle Illustration, durch wenig großgeschriebenen Text, es lockt durch Inhalte, die es zur Zeit ohnehin bereits interessieren. Mädchen im Schulanfangsalter interessieren sich meist auch heute noch brennend für Märchen, Jungen auch, aber mehr für solche mit abenteuerlichen und heldischen Aspekten, Geschichten aus fernen Ländern, die das stärkere Expansionsbedürfnis absättigen und Mut und Kraft in dem Kind anregen. Auf den Tischen unserer Kinderzimmer sollte im Grundschulalter jede Woche ein neues derartiges Buch liegen. Bei Kindern, bei denen der Faden des Lesinteresses bereits zu entrutschen droht, sollte so ein Buch auch nicht einfach irgendwann angeboten werden, sondern es sollte von den Eltern erst angebracht werden, wenn an das Kind eigentlich die Forderung zum Schlafen herantritt. In dieser Situation, die jedes gesunde Grundschulkind verabscheut, kann eine geschickte Mutter das bereits leseunwillig gewordene Kind noch zum Lesen umstimmen, oft für alle Zeiten, wie ich das bei den lernblockierten Kindern in meiner Praxis immer wieder erfahren habe. Voraussetzung ist dann freilich, daß sich Vater oder Mutter mit dem Buch zu dem Kind an das Bett setzen und sich gemeinsam daranmachen, es zu studieren. Oft ist das Interesse zum Lesen über die Illustration zu erwecken. Ist der Lesevorgang noch sehr mühselig, sollte umschichtig gelesen und die Leistung des Kindes mit reichlich Lob bedacht werden. Viele Kinder sind bei mir mit Hilfe dieses einfachen Rezepts doch noch zu Menschen geworden, denen die Freude am Lesen eine differenzierte Lebensgestaltung ermöglichte. Die Voraussetzung ist auch hier, daß kein Druck ausgeübt wird, die Beziehung zur Schule und zum Lernen unerwähnt bleibt und das gemütliche, familiäre Erleben ganz im Mittelpunkt des Vorgangs steht.

Auch in den weiteren Entwicklungsstufen kann das regelmäßige Frequentieren der Volksbücherei das Leseschicksal sehr begünstigen. Das Interesse der Schüler steigert sich rasch und wechselt heute ebenso rasch. Ein Kind, dessen Leseinteresse eingebahnt ist, möchte in einem Jahr *alle* Sagen, im nächsten *alle* Abenteuergeschichten, im folgenden am liebsten *alle* Entdeckergeschichten lesen. Ein solcher Bedarf kann von den wenigsten Familienvätern durch Anschaffung gedeckt werden. Abgesehen davon fördert die Freihandbücherei das selbständige Wählen, lockt ins Finden und damit in die Steigerung der Interessen hinein.

Das alles läßt sich heute wohl aber nur noch in einer Familie erreichen, die die Willenskraft besitzt, den Fernsehapparat nicht zum Haustyrannen, zum Beherrscher des Familienlebens zu machen. Das Fernsehen ist der Feind des kindlichen Leseinteresses, es schlägt durch den Anreiz der rasch wechselnden Bilderfolgen den Leseanreiz tot, es dominiert durch seine Geräuschkulisse, es lähmt auf die Dauer die schöpferische Phantasie und Aktivität. Die Familie heute hat hier große und verantwortungsschwere Aufgaben, indem sie durch ihre Disziplin zu verhindern hat, daß die Kinder ihres Umkreises stumpf fernsehsüchtig werden.

Eine Familie kann um so mehr Leseinteresse wecken, je mehr sie insgesamt intensives Interesse an den heranwachsenden Kindern bekundet und sich um eine phasenspezifische Erziehung bemüht. Sie kann den Spaß am Beschäftigen mit Büchern sehr früh anregen – durch das Bilderbuch, durch das Vorlesen, ja durch den Lebensstil „lesende Familie". Eltern und Kinder, die sich zum gemeinsamen Lesen versammeln, zum Vorlesen und Diskutieren, zum Still-miteinander-Sein und Jeder-für-sich-Lesen, verbindet die beiden so wichtigen Lebenspole: seelische Geborgenheit und geistige Aktivität, die, miteinander legiert, in der Lage sind, auf ein glückliches, erfüllendes Erwachsenenleben vorzubereiten.

Unordnung im Jugendalter –
Ursachen und Wege zur Hilfe

Die Unordnung, die Schlamperei und Unsauberkeit ihrer Kinder im Jugendalter wird für viele Mütter heute zu einem nervenzermürbenden Alltagsproblem.

Frau K. erscheint zur Erziehungsberatung und schildert diese ihre Not. „Sie können sich nicht vorstellen, wie das Zimmer unseres Rüdiger aussieht. Es herrscht ein entsetzliches Tohuwabohu – Zigarettenasche und -stummel liegen zwischen seinen Büchern, Arbeitspapiere verstreut auf dem Boden, dazwischen Gläser mit abgestandenem Bier, oft auch umgekippt, verklebter Kaugummi auf den Sessellehnen, immer ist die Couchdecke zerwühlt, Schallplatten, Tonbänder, zerschlissene Comics zwischen Tellern mit Kuchenkrümeln. Unerträglich ist es mir, diese stinkende Höhle jeden Tag betreten zu müssen, es verdirbt mir die Laune für den ganzen Tag. Aber nichts hilft, ich kann mir den Mund fusselig reden. Bitte geben Sie mir einen Rat, wie ich das ändern kann.“

Nun, so einfach, wie Frau K. sich das vorstellt, ist das Ratgeben bei einer solchen Problematik nicht. Unordnung kann verschiedene Ursachen haben, und im einzelnen Fall ist meist eine gründliche testpsychologische Untersuchung notwendig, um sie herauszufinden.

Ganz gewiß sagt die Unordnung eines Menschen etwas über ihn aus. Oft ist sie ein Zeichen dafür, daß hier fundamentale *innere* Ungeordnetheit besteht; sie kann ein Ausdruck eines unzureichenden Realitätsbezugs sein oder verdeutlichen, daß der Mensch sich keine Zeit zum Ordnungmachen nimmt, weil er andere, für ihn zwingend wichtige Ziele im Kopf hat und seine Kräfte auf sie sammelt. Sie kann auch Symptom einer müden Trägheit, einer unüberwindlichen Gleichgültigkeit sein.

Selten ist die Ordentlichkeit oder die Unordentlichkeit eines Menschen einfach angeboren. Auch in bezug auf die Ordnung wird der Charakter innerhalb seines Lebensweges durch verschiedene Umstände mitgeprägt. Weil Erzieher auf diesem Sektor durch Geschick und Beachtung der Grundbedingungen wesentliche Weichen stellen können, ist es sehr wichtig, über die Ursachen der Unordentlichkeit unterrichtet zu sein, denn nur so kann man der Not aktiv vorbeugen. Deshalb soll in diesem Abschnitt zunächst über die Ursachen gesprochen und anschließend sollen daraus Schlüsse gezogen werden über eine möglichst optimale Erziehung zur Ordnung und Sorgfalt.

Um Mißverständnissen vorzubeugen, muß allerdings noch folgendes vorausgeschickt werden: Ordnung gehört in den Bereich der großen Gestaltungsprinzipien des Lebens. Alle Naturvorgänge vollziehen sich nach strengsten Ordnungsgesetzen. Die Verwaltungsapparatur eines Staates zum Beispiel ist geradezu eine Analogie zu den Kategorien, die sich in der Biologie und in der Kosmologie nachweisen lassen. Ordnung ist keine Erfindung von repressiven Machthabern. Wir unterliegen ihr bereits in dem Augenblick, in dem wir geboren werden, und es besteht in jedem Menschen, wenn er sich gesund entfaltet, ein Drang, seine eigene Ordnung zu finden und sich selbst der Ordnung des Lebens einzufügen. Aber in uns existiert nicht nur dieser urtümliche Drang nach Lebensgestaltung und damit auch nach Lebensordnung – in uns lebt auch ein Gegenpol dieses Sinnes für Form und Kategorie, für Neugestaltung von Ordnung, nämlich ein Hang zur Passivität, ein Hang zum Nur-Sein, zum Sich-treiben-Lassen, ein ozeanisches Gefühl. Diese beiden Grundpole des Lebens, die gestaltende, ordnende Aktivität und die seiende Passivität, haben offenbar in unserem Leben Berechtigung, müssen in einem Gleichgewicht zueinander stehen; denn in der Psychopathologie des Menschen läßt sich die Erfahrung machen: Lebt der Mensch nur den einen *oder* den anderen Pol, so gerät er in ein gefährliches Ungleichgewicht, das ihm Schaden zufügt, ihn in Notsituationen bringt, die die Änderung seines Lebensstils zwingend notwendig machen. Ein Mensch, der mit krankhaftem Übereifer das Leben in der Ordnung praktiziert und Ordnung verabsolutiert, gerät in einen unfruchtbaren Sog übertriebener Formungsimpulse. Die putzsüchtige Hausfrau, der pedantische Beamte sind Karikaturen solcher Übertreibungen und können uns zu der Erkenntnis verhelfen, daß die Übersteigerung der Prinzipien Ordnung und Form das Leben erdrücken, es unter der Klammer verformender Handlungen erstarren lassen können. Geben wir unser Leben hingegen dem Gegenpol, dem passiven So-Sein, hin, so geraten wir in eine erstickende Unordnung, ja schließlich in eine generelle Unfähigkeit zu Handlungsimpulsen überhaupt. Die Gestalt unseres Lebens sinkt zurück ins Urmeer eines formlosen Chaos. Mit Recht bekommen Mütter also um das Schicksal ihrer Kinder Angst, wenn sie eine solche Unordnung bei ihnen erleben, wie Frau K. sie schilderte.

Und dennoch braucht nicht alles verloren zu sein, wenn ein Jugendlicher in eine solche Unordnung versinkt wie Rüdiger; es gibt verschiedene, schwerwiegende und weniger gefährliche Ursachen der Unordentlichkeit. Bei Rüdiger ergab die psychologische Untersuchung, daß ihr ein massiver Protest gegen die mütterliche Überordnung zugrunde lag. Rüdiger war ein extrem sauberes, braves Bürschchen gewesen, so ergab die Befragung seiner Mutter. „Schon im Alter von drei Jahren hat er mir die Fusseln vom Teppich nachgetragen", berichtet sie stolz, „erst als er fünfzehn Jahre alt war, kam es zu einer absoluten Umkehr dieses Verhaltens. Nichts wurde mehr aufgeräumt, nichts wurde mehr gewaschen, selbst der Hals nicht. Dabei war er so anhänglich; noch als zehnjähriger konnte er halbstundenlang mit mir schmusen und sagte oft: „Mama, du bist doch die Allerbeste auf der ganzen Welt."

Hier wird ein typischer Vorgang sichtbar: Jungen wie Rüdiger, die von sehr pflichtbewußten, liebevoll bemühten Müttern aufgezogen werden, erleben im Jugendalter völlig unbewußt die enge Bindung an ihre Mutter als eine existentielle Gefahr – mit Recht, denn wenn sie den Ablösungsprozeß versäumen, verpassen sie die Chance zu einer echten Persönlichkeitsbildung, bleiben sie das kleine Beiboot des großen, mächtigen Mutterschiffes. Blieben sie in diesem Status, so würden sie vielleicht zu einem sehr gewissenhaften, sehr braven Angestellten werden – nicht nur in der Fron eines ungeliebten Berufes, sondern auch in der Fron der von der Mutter mit bestem Gewissen diktierten Lebensgestaltung.

Eine solche Gefahr hat ein Jugendlicher zwar im Gespür, aber nicht im Bewußtsein, und ähnlich dranghaft wie das Lebensgesetz in ihm ihn auf Loslösung und Eigengestaltung des Lebens hinzwingt, setzt jetzt sein Ablösungsprozeß mit lärmendem Protest gerade auf dem Sektor an, auf den diese Mutter am meisten Wert legt: auf dem Sektor der Ordnung. Dieser

Protest gleicht einer Häutung, gleicht dem Wegschleudern der *fremden* Kleider, um die eigenen finden zu können, ist ein vorübergehender Entwicklungsprozeß. Viele der Jungen, die ihre Mütter bis zu ihrem Auszug aus dem Elternhause mit ihrem Protest gegen deren Ordnung immer wieder „auf die Palme brachten", erinnern sich später lachend dieser Phase, denn nachdem sie ihren eigenen Weg gefunden hatten, fanden sie auch zu einer praktischen, zeitsparenden äußeren Ordnung zurück. Freilich: ob dieses Freistrampeln wirklich zu einer echten inneren Befreiung führt, hängt auch wesentlich davon ab, wie die Kräfteverhältnisse zwischen Eltern und Jugendlichen sich in der Pubertät gestalten. Schafft die Mutter es, mit zäher Durchhaltefähigkeit dem Sohn ihre Übermächtigkeit und ihre Überordnung aufzunötigen – und das geschieht oft ohne alle äußere Gewalt –, so kann sich die Protesthaltung in ihm verhärten und chronifizieren, so daß er zeit seines Lebens in einem Dauerprotest gegen Ordnung steckenbleibt. Männer dieses Typs müssen chronisch Unordnung um sich haben und verbreiten, wenn sie sich nicht von einem Gefühl der Unfreiheit erdrücken lassen wollen. Sie werden zu Protestlern gegen jede Ordnung, auf welchem Sektor auch immer, sie chronifizieren sich zum lebenslänglichen Revoluzzer, zum Befreier um jeden Preis.

Aber selbst wenn eine solche exzessive, provokatorische Unordnung im Jugendalter nicht nötig wird, weil die Bindung an die Mutter nicht so übersteigert ist, gehen die Menschen in der Pubertät über eine Stufe der Loslösung von den kindlichen Bindungen und damit durch eine Phase der inneren Ungeordnetheit, die als äußere Unordentlichkeit in Erscheinung tritt. Man will, man muß die Schiffe hinter sich verbrennen. Der Weg in das neue Land des Erwachsenenalters aber ist noch nicht deutlich erkennbar, die Orientierung nicht sicher gegeben. Spannung und unklare Lebensangst absorbieren die Kräfte und finden ihren Ausdruck in einer zunehmenden Unaufgeräumtheit. Sie ist Zeichen der *inneren* Unaufgeräumtheit, die auch die Bezugspersonen nicht für die Jugendlichen beseitigen können. Er muß, er soll – vielleicht durch manchen Umweg, manche antreibende Not – diesen Weg zu seiner eigenen inneren Klarheit selbst finden.

Aber nicht immer hat die Unordnung der Jugendlichen eine so harmlose Ursache, die zu der Hoffnung berechtigt, daß sie vorübergeht. Bei manchen Jugendlichen heute wächst die Unordnung auf dem Boden einer fundamentalen Störung, die Anlaß zur Sorge gibt.

Die Unordnung dieser Jugendlichen unterscheidet sich von den eben geschilderten dadurch, daß es nicht nur in ihren Zimmern unaufgeräumt ist und in ihrem Inneren unklar aussieht – sie sind auf der ganzen Linie von einer müden, schreckerregenden Gleichgültigkeit. Sie können auch auf keinem anderen Sektor mit Lust aktiv sein, interessieren sich weder für einen Lernstoff noch treiben sie Sport, sie sind – gänzlich unjugendlich – müde wie ein „Herbstblatt im November". Es reicht bei solchen Jugendlichen kaum, sich von einer Körperhaltung in die andere zu begeben. Liegen sie, so liegen sie erst einmal; stehen sie, so stehen sie – so wenig reicht die Kraft zur Veränderung und infolgedessen schon ganz und gar nicht zum Aufräumen, Forträumen und Einordnen. All das erscheint ihnen als gänzlich unzumutbare Überforderung. Manche dieser Jugendlichen sind so faul, daß sie selbst zum Kauen keine Lust haben und sich infolgedessen in zunehmendem Maße an Trinkbares halten, am liebsten an gleichzeitig betäubende Flüssigkeiten. Bei ihnen ist die Unordnung die Folge einer Aktivitätsatrophie, wie ich das Phänomen in meinen Büchern genannt habe, die Folge eines Schwunds ihres Gestaltungswillens, ein langanhaltender Prozeß durch die ganze Kindheit hindurch, eine Folge von Verwöhnung, Überfütterung, Reizüberflutung; Wohlstandsdegeneration, die eine schwere psychische Erkrankung darstellt und keineswegs allein ein Pubertätsproblem ist, infolgedessen auch nach der Pubertät nicht wieder schwindet. Denn ihr Unvermögen hat eben die Ursache in einem Schwund von Aktivität, der durch ein wenig guten Willen oder In-Schwung-Bringen nicht einfach aus der Welt zu schaffen ist.

Die Unordnung kann aber ihre Ursache auch darin haben, daß dem Jugendlichen wenig geordnete Zuwendung seiner Eltern zuteil wurde, daß er in seiner Kindheit seelisch unverwahrt war. Auf diese Weise kann das Gefühl für Ordnung verschüttet werden. Die Unverwahrtheit seiner Kindheit macht es ihm unmöglich, in der Welt Wurzeln zu schlagen. Unordentlichkeit dieser Art ist mit Unstetheit gepaart. Menschen mit einer solchen Störung sind Unbehauste, innerlich nicht Seßhafte, und deshalb haben sie auch gar keinen Sinn dafür, ein Nest sauberzuhalten, denn sie fühlen sich fremd in *jedem* Nest und sind nur darauf aus, es hinter sich zu lassen, ruhelos auf der Suche nach einer Heimat, die birgt, die man ihnen in ihrer ersten Lebenszeit nicht schenkte, als ihr Lebensgesetz sie drängte, Verwurzelung zu vollziehen und zu erlernen. Diese Menschen bleiben innerlich heimatlos, auch wenn man ihnen noch so schöne Ersatzheimstätten anbietet; deshalb sind sie in kurzer Zeit verdreckt. Gammler und Parkverschmutzer sind in den allermeisten Fällen nicht Menschen, die man bedauern muß, weil ihnen niemand helfen wollte, sondern weil ihre Störung so geartet ist, daß sie sich tragischerweise nicht helfen lassen können.

Eine letzte Ursache von Unordnung soll noch erwähnt werden: die depressive Verzagtheit. Sie kann durch einen äußeren Schock verursacht werden, durch ein traumatisches Erlebnis, den Verlust einer Bezugsperson, einen Liebeskummer, einen Autounfall, einen Mißerfolg, der das Selbstwertgefühl raubte. Unordnung, die auf der Basis einer solchen reaktiven Depression entsteht, ist von anderen Formen dadurch zu unterscheiden, daß mit dem äußeren Ereignis ein Knick, eine deutliche Verhaltensänderung einsetzte. Der noch unverarbeitete Schock ist es, der eine lähmende Wirkung ausübt und es dem Geschädigten zu schwer scheinen läßt, die Kraft zu ordnenden Verrichtungen aufzubringen. Eine solche depressive Verstimmung kann bei Jugendlichen auch von innen kommen und eine alte Wurzel haben. Das ist besonders dann der Fall, wenn das Kind in einer unangemessenen Weise keine Befriedigung seiner natürlichen Bedürfnisse erfuhr – eine Schädigung, die ihre Ursache meistens bereits in der Säuglingszeit hat.

Überblickt man die Skala dieser Ursachen von Unordnung, so zeichnet es sich deutlich ab, daß man durch eine Erziehung zur Ordnung eine Menge Vorarbeit leisten kann, um nach Möglichkeit schlimme Pannen zu vermeiden. Dabei – und das ist im Vorhergehenden hoffentlich deutlich geworden – ist eine lieblos-harte Dressur zur Ordnung absolut kein brauchbarer Weg, um exzessiven Ordnungsprotesten in der Pubertät vorzubeugen – im Gegenteil, sie werden auf diese Weise geradezu beschworen. Sinn für Ordnung und Sorgfalt werden Menschen am ehesten dann entwickeln, wenn ihnen geordnete Menschen Vorbild waren, wenn Ordnung mehr mit ihnen *gelebt* als von ihnen gefordert wurde. Wie fundamental dieser Satz gilt, wird vor allem immer wieder daran sichtbar, daß Kinder (besonders die Erstgeborenen), um die sich die Mutter viel und mit großer Sorgfalt kümmerte, bereits im Kleinkindalter spontan eine Freude am Ordnen, Saubermachen und Saubersein entwickeln und dann auch in der Grundschulzeit mit großer Sorgfalt an die Schularbeiten gehen, während die Nachgeborenen, die mit weniger Sorgfalt bedacht wurden, selbst sehr bald eine geringere Neigung zur Sorgfalt als Charakterzug erkennbar werden lassen. Diese Gegebenheiten zeigen deutlich, daß die Erziehung zur Ordnung keine Dressur, kein Predigen mit Worten sein kann, sondern daß Ordnung durch das Verhalten der Erzieher in die Kinder gewissermaßen hineinwachsen muß. Aus dieser Erkenntnis lassen sich für die verschiedenen Altersstufen einige Grundregeln ableiten:

1. Im Säuglingsalter sollte die Mutter durch ihre eigene innere Sorgfalt, durch eine Eingestimmtheit auf ihr hilfloses Baby, durch ihre immerwährende Gegenwart und Zuwendungsbereitschaft die Sorgfalt und Verwurzelung zur Eigenordnung des Kindes vorbereiten.

2. Im Kleinkindalter sollte innerhalb des häuslichen Bereiches mindestens ein Raum sein, in dem das Kind die Ordnungsweise der Erwachsenen kennen- und respektieren lernt. Es sollte andererseits nach Möglichkeit ein zweiter Raum vorhanden sein, in dem sich das Kind unbeschwert und ungestört durch elterliche Ordnungswünsche ausbreiten kann. Am Abend sollte auch in diesem Raum (falls das Kind nicht gerade dabei ist, eine Spielidee zu verwirklichen, die ihm wichtig ist und die es noch nicht voll ausgekostet hat) aufgeräumt werden. Dabei sollten die kleinen Kinder helfen dürfen. Es muß eine Ehre für sie sein, schon „so groß" zu sein, daß man sie dazu für würdig erachtet. Den größten Anteil dieses Aufräumens aber sollte kommentarlos und schnell der Erwachsene übernehmen.

3. Im Grundschulalter sollten die Bemühungen um Ordnung zunächst dem schulischen Bereich gelten. Man sollte darauf sehen, daß das Kind seinen Schulranzen ordentlich packt, seine Schularbeiten sorgfältig erledigt und seine Bücher sauber hält. Es wäre aber eine Überforderung, wenn man darüber hinaus von ihm verlangte, für die Ordnung in Haus und Garten mit aufzukommen und für die Ordnung von Kleidung und Schuhen selbst zu sorgen. Es ist von großer Wichtigkeit, hier vorsichtig zu dosieren, um nicht eine le-

benslängliche Abneigung gegen Ordnung heraufzubeschwören.

4. Jenseits der Zwölfjährigkeit kann für Eigenverantwortung in der Kleidung und Körperhygiene plädiert werden. Auch wenn die Jugendlichen im Rüpelalter und in der Pubertät eine Phase der Unordnung und Unreinlichkeit durchmachen, sollte man sich als Erzieher so wenig wie möglich auf die „Schlamperei" einlassen.

Es ist für Jugendliche erzieherisch wertvoll, selbst die Erfahrung zu machen, wie unökonomisch Unordnung ist, daß sie zusätzliche Zeitverschwendung bedeutet, da man immer irgend etwas verloren hat und zu stundenlangen Suchkampagnen genötigt ist. An ihnen sollte sich die Mutter nicht allzu barmherzig beteiligen, um die heilsame Erfahrung des lästigen Suchens nicht abzuschwächen. Die Mutter schneidet ihrem Ordnungswillen ins eigene Fleisch, wenn sie doch mit raschem Blick das richtige Aufsatzheft unter einem Wust von Sportzeug entdeckt. Ihre harthörige Zurückhaltung ist in solchen Situationen ein besserer Lehrmeister.

In den Fällen, in denen die Ordnungslosigkeit durch pubertären Protest hervorgerufen wird, ist es sinnlos, täglich neu einen zeternden Feldzug gegen das Tohuwabohu zu beginnen. Es verzögert den Ablösungsprozeß. Es sollte freilich dafür Sorge getragen werden, daß nicht die ganze Familie – machthaberisch von einem ihrer Mitglieder genötigt – in ein pubertäres Zwischenstadium regrediert. Die Ausweitung des Chaos in die Aufenthaltsräume der übrigen Familienmitglieder hinein sollte auf geballten Widerstand und energische Zurückweisung stoßen. Eigenentwicklung auf Kosten anderer führt in Sackgassen, führt zu Wucherung, statt zu echtem Fortschritt und zu echter Gestaltung.

5. Hat die Ordnungslosigkeit, wie die aufgezeigten Kriterien zu unterscheiden gelehrt haben, eine andere Ursache als jene vorübergehenden Pubertätserscheinungen, wie sie anfangs beschrieben wurden, so sind umfängliche Aktivitäten durch die Erzieher und durch einen fremden Therapeuten nötig, um hier Abhilfe zu schaffen. Am Symptom zu kurieren, jeden Tag neu Ordnungsforderungen zu stellen, hilft gar nichts. Eine Aktivitätsatrophie muß in kleinen Schritten durch das gemeinsame Tun mit einer Bezugsperson aufgelöst werden. Tischtennisspielen, Tonarbeiten, Modellbau

ist hier oft bei Jugendlichen ein guter Einstieg. Bei verzagter Mutlosigkeit können langfristige behutsame Ermutigungen Wunder wirken. Oft ist auch allein Zuwendung der Schlüssel zum Erfolg, um die Störung zu beseitigen.

Sosehr die Unordnung der Kinder heute zu einem zunehmend quälenderen Problem wird, so wenig können wir es mit Gewalt und Ungeduld meistern. Aber wir haben viele Chancen, aus unserer wachsenden Not zu lernen: daß nur der Erwachsene, der sich der großen Lebensordnung um sich und in ihm unterwirft, in der Lage ist, seinen Kindern Sinn für eine Ordnung zu vermitteln, die nicht in den Zwang nötigt, sondern mit mehr Freiheit beschenkt.

Der Bann Eifersucht oder:
Die Geschichte von Kain und Abel
tiefenpsychologisch gedeutet

Eine Mutter hat den Wagen mit ihrem Jüngsten in den Garten geschoben, wo der zwei Jahre ältere Sohn mit seiner Schaufel im Sandkasten spielt. Nach einer Weile schaut sie vom Fenster her zu den Kindern und sieht, wie der Junge gerade eine kräftige Ladung Sand in den Kinderwagen kippt. Sie stürzt hinzu, reißt das Baby heraus, schüttelt den Sand ab, mit dem das kleine Gesicht über und über bedeckt ist. Das Kind schreit, anscheinend ist ihm nichts passiert. Stumm und entsetzt wendet sich die Mutter dem Erstgeborenen zu. Der steht mit gesenktem, wie verfinstertem Gesicht und sagt, indem er seinen Fuß in den Sand stößt: „Der soll wieder weg!"

Zwei Brüder, fünf und sieben Jahre alt, spielen unbewacht an einem Baggersee. Der Jüngere rutscht aus, fällt in das tiefe Wasser und versinkt. Der Ältere läuft davon und versteckt sich über Stunden zwischen den Büschen des Feldrains. „Warum hast du nicht die Arbeiter gerufen, die doch ganz in der Nähe waren?" fragen die Eltern den Jungen verzweifelt, nachdem der kleine Sohn tot geborgen ist. „Immer soll ich auf Michael aufpassen", gibt der verstockt zur Antwort.

In der psychagogischen Praxis werden Berichte über Kleinkinder, die an die Urgeschichte von Kain und Abel erinnern, gar nicht einmal selten erzählt. Die Eifersucht der Älteren auf ein nachgeborenes Geschwister, die Furcht vor der „Entthronung" in der Gunst der Eltern, Angst vor Liebesverlust bilden auch bei unseren Kindern heute noch das Motiv für den rigorosen Beseitigungswunsch oder gelegentlich sogar den Ansatz einer Handlung dazu. Selbst in der „fahrlässigen Tötung" jenes Siebenjährigen klingt in seiner Rechtfertigung der urtypische Satz auf: „Soll ich meines Bruders Hüter sein?"

Verheerende Auswirkungen im Sinne der seelischen Unstetheit des Kain-Schicksals kann es darüber hinaus haben, wenn

Kleinkinder magische Tötungsrituale vollziehen und die weggewünschten Geschwister oder Spielgefährten dann wirklich sterben oder verunglücken.

Ich habe in meiner Praxis bei der analytischen Arbeit mit Jugendlichen mehrere Male erlebt, daß ihre unbewußten Selbstbestrafungstendenzen, ihre Hektik, Nervosität und „Unfallerei" in schweren Schuldgefühlen dieser Art ihre Ursachen hatten, denn es gehört gar nicht einmal selten zu den geheimen „Zauberkünsten" von Kleinkindern, Geschwistern oder Kameraden, die einen höheren Rang in der Gunst der Erwachsenen zu haben scheinen, den Tod an den Hals zu wünschen. Sie überfahren ein Haarbüschel, zerbeißen deren ausgefallenen Zahn mit dem Nußknacker, beseitigen ein Spielzeug des ungeliebten Bruders und hoffen durch solche Pars-pro-toto-Handlungen ganz ernsthaft, daß der Zauber wirkt. Tritt ein solches Ereignis dann wirklich ein – das ist glücklicherweise nur selten der Fall –, so ist das Schuldgefühl wie eine erdrückende Macht und kann eine Fehlentwicklung heraufbeschwören.

Daß die Geschichte von Kain und Abel eine zeitlose Wahrheit enthält, geht nicht nur aus den alltäglichen Phänomenen geschwisterlicher Eifersucht hervor. Vom Aspekt der Tiefenpsychologie her läßt sich diese Geschichte sowohl auf der Objektstufe wie auf der Subjektstufe deuten, das heißt, ähnlich wie in manchen individuellen Träumen sind die Personen und ihre Handlungen einerseits objektiv möglich und typisch und entsprechen realen Situationen; andererseits – falls das bildhafte Geschehen einen innerseelischen Prozeß darstellt – sind die einzelnen Personen darüber hinaus als Teilfunktionen eines einzelnen zu verstehen. Die Personen sind die verschiedenen, oft die einander widerstreitenden Teilbereiche, die verschiedenen Eigenschaften eines Menschen, seine „Teilseelen". Im Hinblick auf die Geschichte von Kain und Abel zeigt sich, daß auf beiden Ebenen Erkenntnisse über das Wesen des Menschen sichtbar werden, um die zu wissen auch für uns Heutige immer noch außerordentlich wichtig ist, damit wir uns auf unserem Lebensweg klarer orientieren und zu mündiger Freiheit kommen können. Ich will daher in dieser Abhandlung versuchen, zunächst den psychologischen Gehalt des Berichtes über Kain und Abel auf der Objektstufe, dann auf der Subjektstufe darzustellen.

Objektiv gehört es zu den erschreckenden Erfahrungen der

Weltgeschichte, daß sich die Menschenbrüder, Angehörige *einer* biologischen Art, seit ihrer Existenz hier auf der Erde gegenseitig totgeschlagen haben. Und zwar schlug man sich offensichtlich nicht nur allein aus Hunger und Mangel an Lebensraum tot, sondern auch aus Habgier, Machtanmaßung, Neid, Ruhmsucht, Intoleranz und Rechthaberei. Ja, aus Eifersucht um das „richtigere Opfer", um die richtigere Lehre, das andere, bessere Ritual sind Religionskriege verheerenden Ausmaßes entstanden, sind Menschen gefoltert und auf den Scheiterhaufen geschickt worden! Wie oft hat es gerade im Bereich religiöser Institutionen eine Wiederholung der furchtbaren Urszene gegeben – auch und gerade *diese* Konstellation: daß die ältere, stärkere Macht mit brutaler Härte der jüngeren, schwächeren das Lebensrecht streitig machte, und zwar genauso wie bei Kain und Abel auch um des größeren Erfolges, der segensvollen Arbeit der Jüngeren willen! Der Tod der protestantischen Märtyrerin Anne Askew und der des Negerapostels Martin Luther King sind nur zwei Beispiele ein und derselben traurigen Wirklichkeit.

Aber nicht erst Religionskämpfe und Bürgerkriege können uns das bestätigen. Grotesk wird in unserer aller Erwachsenenhaltung oft Kainhaftes sichtbar. Wie oft wiederholt sich in den verschiedensten Variationen und Nuancierungen folgende Geschichte:

Der Chef eines Krankenhauses hat eine außergewöhnlich tüchtige Helferin. Er erlebt jahraus, jahrein ihren großen Arbeitseinsatz, ihre Freundlichkeit im Umgang mit Patienten, ihre ausgleichende Weisheit in der Beziehung zum Personal, ihre Verantwortlichkeit, ihr idealistisches Arbeitsethos, das sie bei geringem Lohn Überstunden machen läßt, wenn die Situation es erfordert. Der Chef schätzt die Qualität dieser seiner Angestellten hoch ein. Er zeigt ihr das auch vor den anderen; er lobt sie, fährt sie auch einmal nach Hause, wenn es nach einer nächtlichen Operation sehr spät geworden ist, schenkt ihr an Festtagen Blumen.

Das erzeugt den Neid einer Schwester, die im gleichen Rang steht, deren Einsatz aber über das Notwendigste nicht hinausgeht. Sie sinnt auf Rache und braut einen Plan zusammen. Sie täuscht durch Fälschungen in den Büchern eine Unterschlagung der Helferin vor, deckt dies alles scheinheilig auf, bringt ihre Kollegin vor den Kadi, erwirkt ihre Kündigung. Sie verursacht

Rufmord, bringt ihre Arbeitskameradin um deren berufliche Existenz.

Wie kommt ein erwachsener Mensch dazu, so böse zu handeln? Geht man dieser Frage analytisch nach, befragt man die Verleumder nach ihren Motiven (als Gutachter in Jugendgerichtsprozessen hatte ich häufig Gelegenheit dazu), so ergibt sich meist, daß sie ihnen gar nicht bewußt sind. Hilflos sagte ein Jugendlicher, der durch eine falsche Zeugenaussage seinen Kumpel schwer belastet: „Er soll eben weg. Ich will ihn hier in der Stadt nicht mehr sehen." Die Analyse solcher mörderischen Tendenzen aber zeigt in den meisten Fällen, daß hier im Grunde immer noch in der alten Geschwisterrivalität agiert wird, wie ich sie am Anfang schilderte. Es läßt sich oft nachweisen, daß viele der Erwachsenen, die hemmungslos brudermörderische Verhaltensweisen zeigen, in ihrer Kindheit im Schatten eines Geschwisters standen, das mehr Anerkennung, mehr Liebe, mehr Zuwendung bekam oder zu bekommen schien als sie selbst – genauso wie Abel vor Kain. Der Ausspruch des Königs in Shakespeares Drama „Richard III.": „Gekränkte Liebe ist mein Zorn", kennzeichnet in zutreffender Weise die seelische Situation Kains und all seiner Nachfahren.

Das Bedürfnis des Kindes, in der Gunst der Eltern den höchsten Rang einzunehmen, ist so elementar wie das seiner vitalen Antriebe nach Nahrung und Besitz. Die Rasanz dieses Wunsches bereits im Kleinkindalter läßt deutlich werden, wie sehr das Streben nach dem höchsten Rang dem Menschen eingeboren ist. In der Folge dieses Strebens tritt das ganze Gewimmel negativer Handlungsweisen auf, das Fortdrängeln, Fortstoßen, Wegbeißen, Beseitigen, Abschießen aus Ehrgeiz, aus Alleinanspruch, aus Eifersucht, aus Neid.

Auf der Objektstufe kann uns die Geschichte von Kain und Abel in Verbindung mit tiefenpsychologischen Einsichten einige entscheidende Erkenntnisse über die Ziele und Gefahren unseres Lebensweges vermitteln:

1. Im Menschen besteht der Wunsch, durch die beste Leistung die höchste Anerkennung (zunächst der Eltern, später anderer Personen, im Grunde aber vor Gott) zu erwerben.
2. Die Rasanz des Wunsches kennzeichnet die Wichtigkeit solcher Impulse im Leben des Menschen.
3. Die Stärke des Bedürfnisses führt unumgänglich in ein Konkurrieren mit den Mitmenschen. Im Zuge von Konkurrenz-

kämpfen wird bei Menschen und Tieren der Ranghöchste, Stärkste und damit auch der Führungsfähigste ausgelesen. Während diese Kämpfe aber bei den Tieren in unblutigen Ritualen vor sich gehen, hat der Mensch die Freiheit und die Möglichkeit, den Rivalen zu töten. Den Erfolgreicheren zu beseitigen, oft nicht einmal aufgrund der größeren Kraft, sondern auch mit Hinterlist und Tücke, wird damit zur elementaren Gefahr des Menschen.

4. Die Durchführung dieses negativen Aspektes des Strebenmüssens, die Beseitigung des Günstlings, führt in Schuld und Sünde im wahrsten Sinne des Wortes; denn sie bewirkt, daß das Streben nach dem „Besten" als Folge der Tat nicht mehr gelebt werden kann. Das hat einen Bruch mit dem Sinn des Lebens zur Folge, führt in Unstetheit, Hektik und Betäubungssucht eines sinnlos gewordenen Lebens.

5. Auf der Objektstufe enthält die Geschichte eine Warnung, sein Leben nicht durch Eifersucht und Neid zu zerstören. Sie sagt aus, daß es bei gleicher Anstrengung dennoch unterschiedliche Wertungen gibt, daß eine hierarchische Stufung „vorgeschrieben" ist, daß der „Zurückgesetzte" nur eine einzige Chance hat, nicht in das Netzwerk zerstörerischer Racheimpulse zu geraten: indem er nicht nach links und rechts zu den vom Schicksal Bevorzugten schielt und auf Rache sinnt, sondern indem er auf das Ziel gerichtet bleibt und sein Streben nicht aufgibt. Der Text drückt dieses entscheidende Postulat so aus: „Wenn du fromm bist, so bist du angenehm. Bist du aber nicht fromm, so ruhet die Sünde vor der Tür."

Das düstere Bild des Brudermordes, wie es im Anfang der Bibel in eindringlichen Farben zur Darstellung kommt, enthält durch die Methode der Abschreckung also einen Hinweis darauf, wie der Mensch es vermeiden kann, in den mörderischen Sog der Eifersucht zu geraten: Alle Not, die durch ein Vergleichen entsteht, kann nur dadurch vermieden werden, daß der Mensch sich in bewußter Anstrengung von solchen Sichtweisen lossagt und sich allein seiner Aufgabe, im Dienst Gottes zu stehen, zuwendet. Allein eine solche religiöse Haltung, so sagt unser Text, ist in der Lage, nicht von den negativen Aspekten eines *so* wesentlichen Antriebs überschwemmt und zerstört zu werden.

Im Kindesalter werden die Elemente dieses Strebens nach dem „Besten" auf einer primitiven Ebene noch ganz unverstellt sichtbar. Die Eltern stehen bei ihren Kindern noch gleichnishaft an der Stelle Gottes. Ihre Gunst zu erringen ist das wichtigste und macht im Konkreten deutlich, wohin das Lebenswerte des Menschen letztlich abzielt: auf den bestmöglichen Dienst für Gott. Es ist deshalb erzieherische Aufgabe der Eltern, Kain-Schicksal zu verhindern zu suchen. Der kleine Kain muß davor gewarnt und behütet werden, seinen Bruder zu beseitigen. Eltern ist es leichter möglich, mörderische Rivalität auszuschalten, wenn sie allen Kindern in ihrer Weise Gerechtigkeit widerfahren und ihnen Lob zukommen lassen, wenn sie etwas vollbracht haben, das Anstrengung und Überwindung gekostet hat. Es gehört aber auch zur erzieherischen Aufgabe, ihre Kinder darin zu üben, gelegentlich eine Ungleichheit oder auch eine Ungerechtigkeit hinzunehmen, Enttäuschungen zu ertragen, statt sofort einen Rachefeldzug zu starten.

Spätestens aber im Erwachsenenalter und im Reflektieren über mörderische, rivalisierende, konkurrierende Handlungen des Neides muß sich der Mensch verdeutlichen, daß er sein Leben verfehlt, wenn er sich dumpf-unbewußt immer noch wie das Kleinkind kainhaft benimmt.

Der mündige Mensch ist dadurch gekennzeichnet, daß er seinem „Nebenbuhler" seinen Erfolg nicht streitig zu machen sucht, sondern seinen Sinn darauf richtet, das ihm Mögliche, so gut er es eben kann, zu vollziehen. Außerdem ist es im Erwachsenenalter nötig, sich klarzumachen, daß das Wegbeißen eines Günstlings etwa im Beruf eine infantile Übertragung darstellt. Einem wirklich mündigen Menschen geht es in seinem Leben nicht mehr um die höchste Gunst bei Vater und Mutter, bei Chefs, in der Gesellschaft oder vor der Umwelt, sondern wenn er „fromm" ist, wie es in der Geschichte von Kain und Abel gefordert wird, geht es ihm darum, in einer optimalen Weise „mit seinen Pfunden zu wuchern", seine Begabungen zu verwirklichen und die Liebe in der Welt zu mehren. Dem Mündigen ist gewiß, daß dieses Ziel nicht mehr zu erreichen ist, wenn er den auszuschalten sucht, der neben ihm auf dem Weg nach dem gleichen Ziel, darin zunächst aber erfolgreicher ist.

„Vor Kain wird gewarnt", so könnte man infolgedessen auf der Objektstufe diese biblische Geschichte überschreiben. Gewarnt wird auf der Objektstufe auch vor allen Teufelskreisen der Blutrache. Denn der Mörder Kain wird trotz der schrecklichen Flüche und Verdammungen, die ihn treffen, unter Gottes

Schutz gestellt. „Siebenfältig soll gerächt werden, wer Kain totschlägt", heißt es.

Für Menschen, die ihre Orientierung in der Bibel suchen, ist die Bestrafung von Mördern allenfalls durch Deportation, gewiß nicht durch Hinrichtung denkbar.

Ein Stück der Kain-Geschichte gehört also auch heute noch ganz objektiv in unsere Wirklichkeit hinein. Fündiger freilich erweist sich ihre Weisheit, wenn man sie auf der Subjektstufe zu deuten versucht. Zwei verschiedene Seinsebenen des Individuums werden in der Mythologie häufig in Gestalt eines älteren und eines jüngeren Bruders zum Ausdruck gebracht. Der ältere Bruder symbolisiert in solchen Fällen die elementare, eben die „ältere" Seelenschicht in der Persönlichkeit, der jüngere Bruder Eigenschaften, die innerhalb der Entwicklung erst später zur Verwirklichung kommen. In den unterschiedlichen Berufen von Kain und Abel sind die gegensätzlichen Aufgabenbereiche versinnbildlicht: Kain ist ein Ackerbauer, er steht im Dienst der Erde. Die Erde ist im Mythos außerordentlich häufig ein Symbol für das „Irdische" schlechthin, für jene Bereiche des Menschen, die an die Materie, an die Urmutter Erde gebunden sind. In dieser Seelenschicht des Menschen dominieren die Triebe und Instinkte. Der „Diener der Erde" steht unter dem Primat von Lebenszielen, die ihm so unbewußt wie den Tieren von der Natur vorgeschrieben sind: der Ernährung seines Körpers, der Sicherung seines Lebensraumes, der Erhaltung seiner Art. Bei Menschen wie bei Tieren wird diese „Vorschrift der Schöpfung" gewissermaßen automatisch vollzogen – eben durch die Wirkkraft von Trieben und Instinkten: durch den Nahrungs-, Verteidigungs- und Geschlechtstrieb, um nur die elementarsten zu nennen. In jedem von uns ist diese Schicht vorgegebener Antriebe die ontogenetisch ältere. In manchen Menschen heute kommt bis an ihr Lebensende nur diese Seinsweise zur Entfaltung. Sie leben gewissermaßen wie die Blumen auf dem Feld, wie die Vögel unter dem Himmel, ohne eine eigenständige Bewußtseinsentfaltung. In den Anfängen der Menschheit und in den primitiven Kulturen heute ist das sicher sogar bei der Mehrzahl der Menschen der Fall gewesen. Dennoch stehen auch diese unbewußten Anteile des Lebendigen in einer ungeteilten, harmonischen Beziehung zum Schöpfer: als Geschöpfe in seiner Hand. Das Bewußtsein des Menschen, seine Möglichkeit zu reflektieren, über sich nachzudenken und sich bewußt und eigenständig in eine Beziehung zu seinem Handeln und zu seiner Existenz in der Welt zu setzen, ist jüngeren Datums und zunächst eine Kraft, die wesentlich schwächer ist als die ältere. Sie ist eben „Abel", das heißt in der Übersetzung soviel wie „Hauch", Hinfälligkeit. Aber in dieser Namensgebung zeigt sich nicht nur die Schwäche des Bewußtseins in seinen Anfängen; es wird eben auch deutlich, daß das Bewußtsein geistige Potenz ist, Unsichtbares und Wirkmächtiges zugleich, das eigentlich und entscheidend Belebende, wie es bereits im Schöpfungsmythos im Symbol des Lehmkloßes, der durch den Anhauch Gottes zum Leben erweckt ist, verdeutlicht wird. Es ist deshalb auch kein Zufall, daß dieser jüngere Bruder den Beruf des Schäfers hat. Der Schäfer, der Hirte führt im Gegensatz zur Vita activa des Ackerbauers eine Vita contemplativa. Schäfer galten von jeher als die, die aufgrund ihres beschaulichen Lebens in der Lage waren, zu mehr und tieferen Erkenntnissen zu gelangen. Hirten waren in agrarischen Kulturen häufig gleichzeitig Ärzte, Heilmächtige. Sie standen in einer bewußten Verbindung mit den Geistkräften, die ihnen geheimnisvolle Einsichten vermittelten. Und in ihrem Beruf, Sorge für eine Herde zu tragen, wird die Eigenschaft des Führens, Gestaltens und Behütens versinnbildlicht. Im Hirten werden jene Eigenschaften verkörpert, die den Menschen vom Tier unterscheiden und abheben: die Möglichkeit zur Reflexion und Einsicht, zur Steuerung und Führung sowohl des eigenen „Tierischen", der eigenen Triebe, wie auch jener Umwelt aus Menschen, Tieren und Pflanzen, die einer solchen Führung bedürftig sind. Verantwortungsbewußtes Hegen, Pflegen, Beschützen und Heilen ist mit in dieser Berufsbezeichnung umgriffen. Daß diese Deutung nicht willkürlich ist, läßt sich aus vielen anderen Hirtengeschichten der Bibel entnehmen. Nicht umsonst wird die Botschaft von der Geburt Christi den Hirten auf dem Felde zuerst zuteil; ebenso symbolträchtig ist das Christuswort: „Ich bin der gute Hirte, in meinem Reich soll euch nichts mangeln." Ja, der Beruf des religiösen Führers ist sinnfälligerweise mit dem Wort Pastor = Hirte belegt worden.

Eine entscheidende Aussage enthält meines Erachtens nun folgender Passus in der Geschichte von Kain und Abel: „Es begab sich aber nach etlicher Zeit, daß Kain dem Herrn Opfer brachte von den Früchten des Feldes; und Abel brachte auch von den Erstlingen seiner Herde und von ihrem Fett. Und der

Herr sah gnädig an Abel und sein Opfer; aber Kain und sein Opfer sah er nicht gnädig an."

Keineswegs geht aus diesem Text unmittelbar hervor, daß diese Gnade des Herrn eine Folge einer absolut höheren Leistung Abels war. Beide ließen Gott teilhaben an den Früchten ihrer Arbeit. Freilich wird nur von Abel berichtet, daß er das Kostbarste, das ihm zur Verfügung stand, seine Erstlinge und ihr Fett, Gott darbrachte.

Meines Erachtens enthält dieser Passus eine Aussage über eine unterschiedliche Wertung der verschiedenen Persönlichkeitsanteile des Menschen durch den Schöpfer. Die Opferung der *besten* Anteile des im Hirtenamt Erworbenen, die demütige Abgabe der eigenen Führungsmächtigkeit, ja der eigenen Erleuchtungsmöglichkeit (das Fett wurde vor allem zur Lichterzeugung verwendet) an Gott, das Sichunterordnen des Bewußtseins unter den alleinigen Herrschaftsanspruch des Herrn, die freiwillige Aufgabe von eigenmächtiger Freiheit – *diese* Eigenschaften finden Gnade vor Gott. Sie allein werden auf dieser Entfaltungsebene des Bewußtseins mit einem Angenommenwerden, das heißt mit innerer Zufriedenheit, belohnt. Opfer des Geistes, seiner Eigenmächtigkeit und Eigenherrschaft stehen bei Gott offenbar höher im Kurs als Opfer des „Erdhaften", des Instinkt-Triebhaften. In einer erstaunlichen Parallelität ist hier der jüngere Sohn Gott lieber als der ältere, wie bei Jakob Joseph seinen elf älteren Brüdern vorgezogen wurde, „weil er der Sohn seines Alters war".

Es gehört in der Tat zum Wesen einer der entscheidenden seelischen Entwicklungskrisen des Menschen, daß ein Konflikt entsteht um den Vorrang der verschiedenen Bereiche in ihm. Kainhaft-unbewußt zu leben hat viele Vorteile: Reflexionslosigkeit entgeht eher der Härte von Entscheidungen. Wer unbewußt lebt, spürt nicht die Last drückender Verantwortung. Es ist bequem, sich der blinden Kraft und der uralten Weisheit der Instinkte zu überlassen. Außerdem verlieren die einfachen und doch auch lustvollen Befriedigungsmöglichkeiten der Triebe an Boden, wenn dem Bewußtsein mehr Raum zugebilligt wird. Das Bewußtsein steht den unbewußten Lebensimpulsen oft entgegen, da es andere Ziele hat, die im Gegensatz zur Dringlichkeit der Triebe stehen. Da das Bestreben, bewußt zu bleiben, schmerzlich anstrengend und aufreibend ist, da es darüber hinaus so etwas wie verschwenderische Opferungen an eine unsichtbare Macht zu betreiben beginnt, indem es danach trachtet, seine Geistesmacht wieder einzuschränken und sie unter den Primat der Religio zu stellen, da es damit auch noch erfolgreich ist, entsteht so etwas wie eine reaktionäre Opposition in der Seele des Menschen: Abel muß weg. Vergeblich wird der kainhafte Mensch vor einer Abtrennung dieser wertvollen Seelenbereiche gewarnt, vergeblich wird ihm spürbar, daß diese Abtrennung ihm selbst schadet: das schwache Flämmchen Bewußtsein wird abgetötet und sinkt wieder in die Unbewußtheit zurück. In dem Bild, daß „die Erde ihr Maul aufgetan und des Bruders Blut von Kains Händen empfangen hat", kommt dieser Vorgang des Rückfalles, der Regression eines Entwicklungsansatzes großartig zum Ausdruck. Rückfall bedeutet immer ein Unfruchtbarwerden des Lebens, wie es im Bild des sich weigernden Ackers in unserer Geschichte zum Ausdruck kommt.

In wie vielen neurotischen Erkrankungen ist dieser Sachverhalt ganz deutlich! Viele Menschen scheitern eben genau an jener Kain-Aufgabe: der Erkenntnis, daß der Abel in ihnen erfolgreicher wäre. Sie sehen wohl, daß sie in der Lage wären, als ein mündiger Erwachsener mit wachem Bewußtsein die Verantwortung für ihr Handeln zu übernehmen, sie empfinden wohl, daß nur der, der freiwillig bewußt wählt, was ihm als Lebensaufgabe zugemessen ist, ans Ziel eines sinnerfüllten Lebens kommt; aber sie müßten dann zum Beispiel auch ihre Schwächen und Fehler annehmen, ertragen und zu wandeln suchen. Sie müßten so vieles aufgeben: vor allem ihre totale Verhaftung an die Erde, an das Materielle, den Primat des „Ackerbauers"! Davor fürchten sie sich, dazu fehlt ihnen der Mut. Und so verdrängen sie diese ihre Bedürfnisse nach geistiger Mündigkeit und verharren im Infantilen. Sie überlassen sich wahllos ihren Stimmungen, kreisen wie Dreijährige um egoistische Wunscherfüllungen, Lüste und Durchsetzungsvorstellungen, stellen an ihre Umwelt Ansprüche ohne Gegenleistung wie die Säuglinge im Kinderwagen. Rückfälle dieser Art schenken aber nicht das Glück einer sinnvollen Aufgabenerfüllung. Selbst die Möglichkeit zur totalen Triebabsättigung langweilt den Infantilen auf die Dauer, füllt ihn mit Gefühlen der Schalheit und Leere; ja selbst in einer genußfreudigen Zeit wie der unseren, in der Triebbefriedigung durch Besitz, Sexualität und lukullisches Genießen hoch im Kurs steht, entstehen in einem Erwachsenen, der die Entfaltungskeime zur Bewußtheit in sich abtötet, auf die Dauer schwere Schuldgefühle, die er durch Hektik, Lärm, Abwechslung und Arbeit zu übertönen sucht.

Auch die Erde, das heißt selbst Triebhaftes und Materielles, gereicht dem Menschen nicht mehr zum Segen, wenn er gewaltsam seine Entwicklung verstümmelt. Unterdrücktes Bewußtsein macht den Menschen starr. Ihm kommen keine schöpferischen Einfälle mehr, er büßt seine lebendige Kraft und Arbeitsfähigkeit ein. Sein Leben wird unfruchtbar. Die Verweigerung des Abel-Anteils macht den Menschen zum Renegaten, macht ihn generell zum Nein-Sager gegen seinen Lebensauftrag, wodurch ganz real geschieht, daß er in die Wüste des Landes vertrieben wird und dort „in Fluch und Elend dahinvegetiert". Die Gefahr, daß Menschen, die ausschließlich in der Bindung an die Materie, im Primat des Triebhaften verharren, seelisch zugrunde gehen, ist außerordentlich groß. Das ist die Aussage der Rede Kains an Gott: „Siehe, du treibst mich heute aus dem Lande, und ich muß mich vor deinem Angesicht verbergen und muß unstet und flüchtig sein auf Erden. So wird mir's gehen, daß mich totschlage, wer mich findet." Tausend Tode warten auf den, der ohne noch den unbewußten Ursprungsgehorsam an Gott zu besitzen, als Entwicklungsverweigerer in der Schöpfung zu leben versucht. Das Materielle ist dann ohne Leben und macht den Menschen krank, erstickt ihn im Sog der Süchte, des Gierens nach Frieden und Harmonie, schwächt Fortpflanzungswilligkeit und -fähigkeit, macht aggressiv und damit angreifbar. Leben dieser Art ist in der Tat Fluch und Elend.

Dennoch wird dem Renegaten Kain von Gott das Leben zugesichert. Es folgt der merkwürdige Passus: „Aber der Herr sprach zu ihm: Nein, sondern wer Kain totschlägt, der soll siebenfältig gerächt werden. Und der Herr macht ein Zeichen an Kain, daß ihn niemand erschlüge, wer ihn fände." – In diesem Satz kommt auf der Subjektstufe zum Ausdruck: Selbst die gefallene, die sündhafte, das heißt die von Gott losgelöste, die Mörder- und Renegatenkreatur steht immer noch unter Gottes Schutz. Sie ist Gott immer noch unendlich wichtig. Das kann nur daran liegen, daß die Materie die unumgängliche Voraussetzung für die Ausfaltung des Geistes in der Schöpfung darstellt, daß ohne eine sich fortpflanzende Kreatur keine Möglichkeit besteht, daß Gottes Plan, über die Schöpfung Bewußtsein zu werden, verwirklicht wird. Ohne den älteren

Bruder kann es den jüngeren nicht geben, der Geist, das Bewußtsein wohnt der Materie inne und baut sich auf ihr auf. Ohne die Kette der Generationen, in denen immer neu Versuche zur Verwirklichung des Geistes in der Materie stattfinden und sich steigern, wie uns die vielen Brudergeschichten des Alten Testamentes deutlich machen, ohne eine solche Entwicklungsgeschichte des Bewußtseins durch die Geschlechter hindurch kann die Stunde Null nicht schlagen, jene Stunde, die den Christus, die Wort-Offenbarung Gottes, hervorbringt. Mitten in der ebenso bösen wie fruchtbaren Kain-Welt scheint das Licht auf, durch das allein es den Kindern der Welt, der Erde möglich wird, zu Kindern des Lichts und damit zu wirklich Freien zu werden.

Leiden an der Emanzipation –
Reflexionen einer Frau

Ja, ich leide an dieser Emanzipation – nicht in bezug auf mein eigenes Leben (das versuche ich abzuschirmen gegen den fragwürdigen Trend), sondern durch das Beobachten der Mädchen, Frauen und Mütter in meiner Praxis, durch das meist noch so ganz unbewußte Fehllaufen vieler Frauen heute. Ich leide im Hindenken auf unsere Zukunft, in meinem Mit-Mühen um eine bessere, menschlichere Welt, an dieser Form von Emanzipation, wie sie an uns praktiziert wird. Wir Frauen brauchten und brauchen Befreiung. Es war ein empörend rechtloser und menschenunwürdiger Zustand, in dem sich die Frau in den hochzivilisierten Ländern noch um die Jahrhundertwende befand. Ein Popanzpatriarchat mißbrauchte die größere Schutzbedürftigkeit der Familienmutter, die ihr eingeborene Dienstwilligkeit oft zu entwürdigenden Herrschaftsansprüchen. Ein Mann konnte um diese Zeit unter dem Schutz des Rechtes seine Frau seelisch und körperlich quälen, ohne daß sie die reale Möglichkeit hatte, aus ihrem Ehegefängnis auszubrechen. Zu streng wachten darüber die gesellschaftlichen Tabus, zu ausschließlich waren die Gesetze von Männern gemacht. Vom Studium waren sie grundsätzlich ausgeschlossen, in den Fabriken arbeiteten sie für Hungerlöhne. Aus der Partnerin der agrarischen Kultur wurde die Sklavin der Industriegesellschaft, wurde die allein gelassene Hausleibeigene, die ein hoher Herr mit doppelter Moral an einem häuslichen Keuschheitsgürtel festgekettet hielt. Die Revolte gegen diese Situation wurde damit unvermeidbar heraufbeschworen. Sie schafften viel, jene tapferen, vielgeschmähten ,,Blaustrümpfe'' des neuen Jahrhunderts. Sie erreichten die Öffnung der Universitäten, die Wahlberechtigung, die Schaffung von Oberschulen für die Frauen. Sie meldeten kämpferisch dem Mann gegenüber ihre Rechte an und gewannen sehr viel mehr Mitbestimmung, auch im öffentlichen Leben, Segnungen, die wir, die Töchter der Revolutionärinnen, meist wie selbstverständlich hinnahmen. (Ich selbst freilich habe eine Mutter – eine der ersten Sportlerinnen Deutschlands –, die mir als Kind farbig den öffentlichen Skandal zu schildern wußte, den ihr Versuch, mit ihren Schülerinnen in weiten Pumphosen auf dem Schulhof zu turnen, in den Jahren vor dem Ersten Weltkrieg auslöste.) Diese erste Phase der Emanzipation hatte zwar ihre Auswüchse; aber es gab in ihr auch ein Bewußtsein ihrer Grenzen. Sie ließ der Frau die Möglichkeit, Frau zu bleiben. Die erste Phase von betonter Gleichgültigkeit gegen das Äußere, in der der ungeformte Filz als Hut und klobige Schuhe mit schiefen Haken getragen wurden, wich schon am Anfang der dreißiger Jahre einem gesunden Mittelmaß, einer Wiederentdeckung der Freude am Schönen, auch in der Kleidung, und ging in ruhigere Bahnen über. Erst in den sechziger Jahren brach eine zweite Emanzipationsphase auf. Sie wuchs diesmal weniger auf dem Boden von Repressionen, sondern wurde vielmehr im Zuge des Gleichheitstrends hochgespielt und hochmanipuliert. Der berechtigte Wunsch der Frau nach einem ihr gemäßen Leben in einer menschenwürdigen Form wurde umfunktioniert in die Forderung nach totaler Gleichheit mit den Lebensformen des Mannes. Aus dem Suchen nach Gleichberechtigung wurde der hektische Anspruch auf Angleichung. Bereits in der Mode ist dies deutlich ablesbar. Die Mode heute schreibt den jungen Mädchen sperrige Blue jeans und Cordhosen, hauteng und hüftschmal, und damit die möglichst weitgehende Nachahmung der Körperformen männlicher Jugendlicher als hauptsächliche Bekleidung vor; die Größen 36–38 werden für die jungen Damen unserer Wohlstandsgesellschaft zur ungeschriebenen Vorschrift. Enge Hemdblusen, Pullover, die auf der nackten Haut zu tragen sind, fordern zur Dürre, zur Knappheit in den Formen auf. Unter diesem Zwang zur Angleichung bekommen die pummeligen Wohlstandstöchter spätestens mit vierzehn Jahren einen lähmenden Schock: dem ungeschriebenen Ideal nicht zu entsprechen. Sie müssen sich zur Schmalhüftigkeit und Busenlosigkeit befreien. Man könnte eine solche Torheit lächelnd auf die leichte Schulter nehmen; aber dazu hat sie, wie die Praxis zeigt, auf das Seelenleben der jungen Mädchen viel zu fundamentale, ja oft katastrophale Auswirkungen. Der Versuch, abgehungert, mit wallendem Haupthaar und im gleichschlurfenden Gang mit dem jugendlichen Freund eine zwillingshafte Erscheinung zu bilden, erschüttert das Gleichgewicht unserer Mädchen oft von Grund auf, bringt sie um alle Freuden ihres Jungseins und führt sie, zusammen mit den ratlosen Eltern, häufig zum Seelenarzt; denn diese Mädchen hungern nicht nur hemmungslos, um das Emanzipationssoll zu erreichen, sie werden in ihrer Gedankenwelt vom Hungerzwang gefesselt. Dieses Angleichungsideal überschreitet deshalb die Grenzen einer wünschenswerten Emanzipation, weil es die Frauen nicht befreit, sondern fesselt, weil sie eine Verleugnung von Weiblichkeit ist und ihnen die Rolle und schließlich auch die Verhaltensweisen des Neutrums zudiktiert. Handgreiflich deutlich wird diese Gegebenheit dadurch, daß unter dem Hungerzwang dieser Fehlemanzipation die Fortpflanzungsfähigkeit versiegt. Ein großer Teil der zum Gespenst abgehungerten Mädchen leidet an einer hartnäckigen Amenorrhöe, gegen die bei konstantem Status der Unterernährtheit auch die Mediziner mit ihren Hormonspritzen machtlos sind. Allenfalls sind künstlich einige Blutungen, kaum aber ein Eisprung auslösbar. Das Verlöschen des Zyklus ist aber ein ganz deutlicher Indikator für eine Art Dornröschenstarre, für ein Einfrieren und Steckenbleiben des Menschen in einem Zustand rückgängig gemachter Reife, der auch im Verhalten sichtbar wird. Ein Volk, in dem es immer weniger echte Mädchen gibt, ist wie ein Land ohne Frühling. Es fehlt das Schönste: die Manifestation der großen Hoffnung, die Leichtigkeit, Schönheit und Überschwenglichkeit des Blühens, die Spannung des Hinwachsens auf das Leben zu. Es fehlt einfach ein ganzes Stück der Atmosphäre des Lebens, die einen großen Teil der Lebensfreude ausmacht.

Katastrophal wird die Befreiung der Frau zum Neutrum aber für die Sorte von Mädchen, die es aufgrund ihrer Charakterstruktur mit den Anforderungen der Außenwelt supergenau nehmen. Sie geraten auf dem Boden der Radikalhungerkuren in eine panische Angst vor jeder Gewichtszunahme und auf diese Weise in einen süchtigen Zwang zur Gewichtsabnahme, der sie nicht mehr entläßt. Es gibt junge Frauen, die dieser Befreiungszwang vom Frausein in den Hungertod führt, in einem Ausmaß heute, wie es Ärzte und Psychotherapeuten früher niemals zu sehen bekamen.

Unter dem füßestampfenden Protest gegen die Nahrungsaufnahme, unter der Befreiung zum Neutrum leiden am meisten die Mütter, denn ihr Lebenssinn, durch die Töchter und deren Kinder an der Gestaltung und Fortführung des Lebens in die Zukunft hinein teilzunehmen, erleidet durch deren Verhalten eine schwere Enttäuschung. Die Verleugnung der Weiblichkeit fügt dem Selbstwertgefühl der Frauen in ihrer Funktion als „Mutter alles Lebendigen" eine fundamentale Kränkung zu. In meinen Krankengeschichten gibt es eine ganze Reihe von Fällen magersüchtiger Mädchen, bei denen nicht die Töchter, sondern die Mütter im Leiden an deren Emanzipation zugrunde gingen.

Pervertierte Wege geht die Emanzipation der Frau heute häufig auch im Hinblick auf ihre Berufstätigkeit. Es gehört zu den berechtigten Zielen einer Befreiungsbewegung der Frauen, jeder von ihnen die Entfaltung ihrer speziellen Begabung zu ermöglichen. Es ist auf diesem Weg notwendig, den Frauen zu einem Berufsabschluß zu verhelfen, der es ihnen möglich macht, sich selbst ihren Lebensunterhalt zu verdienen. Aber es bedeutet nicht Befreiung, sondern Zwang, wenn die berufstätige Frau eine höhere Wertung erfährt als die nicht berufstätige.

Je länger man darüber nachdenkt, um so aberwitziger wird die modische Verhöhnung der „Nur-Hausfrau"; denn in diesem „nur" steckt ja eine verordnete Wertminderung, die heimliche Plakatierung: sinnloses Drohnen-(oder Sklaven-)Dasein, steckt die apodiktische Forderung nach Selbstverwirklichung im Beruf. Unter diesem Trend kommen unsere Frauen nicht wirklich zu ihrer Emanzipation, können sie nicht dort beginnen, wo sie allein beginnen dürften: nämlich beim vorurteilslosen Nachdenken über sich selbst und ihr eigenes persönliches Leben, sondern sie schliddern heute nur allzu leicht direkt zu ihrem Unheil mitläuferisch in den modischen Strudel hinein. Wer will, wer kann es sich denn schon erlauben, ein Leben zu führen, das von der Umwelt mißachtet wird? Und so überläßt manche Frau ihre kleinen Kinder kopflos zwischen Kinderkrippe und Babyhotel einem „Postpaketdasein", dreht sich hektisch im Acht-Stunden-Arbeitstag und überdreht sich abends gereizt in den sich zu Bergen häufenden häuslichen Pflichten weiter. Und in wie vielen Fällen dauert es nur ein paar Jährchen, ehe sich die grausame Rechnung auftut: eine verstörte, schließlich eine zerstörte Familie, nicht nur Sinnentleerung, sondern Sinnverhöhnung, Sinnentartung eines doch so bemühten Lebens. Tausend-und-eine-Nacht-Geschichten könnte ich durch meine Arbeit als Psychagogin über diese modischen Tragödien erzählen! Natürlich gibt es auch die eine oder die andere Frau, die das alles kann, die mit dem großartigen Organisationstalent, das Gefühlsgenie, die mit dem dauerhaft zupackenden Ehemann (diesem so ganz seltenen Exemplar), den durch und durch robusten Kindern. Aber sie sind große Ausnahmen, keineswegs die Regel. Für andere Frauen bedeuter die vom Trend erzwungene Berufstätigkeit neue und schlimmere Versklavung, Überlastung, Entfremdung von sich selbst. Emanzipation heißt aber Befreiung. Die echte Befreiung der Frau ist nur möglich, wenn sie zunächst einmal zu mehr Bewußtsein und schließlich über diesen Weg zu mehr Selbstbewußtsein kommt. Sie muß mehr Gespür für die besondere Eigenart ihres Wesens und damit auch ihres Wertes lernen, statt sich vor den Karren modischer Fehlvorstellungen spannen zu lassen.

Unser Trend heißt: Unsere mit modernen Haushaltsgeräten ausgestattete Nur-Hausfrau hat nichts zu tun, sie fällt in der Isolation ihrer Drei-Zimmer-Großstadtwohnung der Verdummung anheim. Nun, sie fällt auch sicher, wenn sie nicht aufpaßt; aber jeder Mensch kann in jeder Situation der Verdummung anheimfallen, wenn er sein Leben nicht in die Hand nimmt. Ob wir bereits als junge Erwachsene geistig Gestorbene sind oder ob wir seelisch und geistig weiterwachsen, hängt leider weniger davon ab, *was* wir tun, als vielmehr davon, *wie* wir es tun. Hausfrauenarbeit kann hohe Kunst, sie kann auch stumpfer Nonsens sein. Aufräumen ist an sich keine sinnlose Tätigkeit, denn sie bringt schöne Ordnung hervor. Kochen ist nicht überflüssig, sondern geheimnisvolle Verwandlungskunst, die höchst Wertvolles vorbereiten sollte: nämlich die notwendige Befriedigung, den *Frieden* der Allernächsten. Moderne Ernährungsforscher haben festgestellt, daß das Einnehmen der sorgfältig bereiteten Mahlzeit im Kreis von einander sympathischen Menschen eine entscheidende Voraussetzung zur Gesundheit ist. Je mehr Zeit eine Nur-Hausfrau für Tätigkeiten dieser Art hat, je mehr sie aus dem Bewußtsein ihres Wertes mit Freude vollzogen werden, um so wertvoller werden sie für die Familie. Unsere Zeit ist in der Gefahr, an ihrer verzweifelten Neugier, an der Gier nach Neuem, einen schlimmen Seelenverlust zu erleiden. Wir vergessen darüber, daß alle Dinge erst zu leben beginnen, sich uns erst öffnen und Freude schenken, wenn wir ihnen in besinnlicher Pflege und Beachtung entgegenkommen. Bei den Blumen auf dem Fensterbrett ist das sehr deutlich sichtbar, bei den Kindern, den Hunden und Katzen, bei den Dingen in unserer Wohnung, bei der Nahrung, ja selbst bei unseren Männern ist das nicht anders. Alles wird erst zur Freude, wenn wir uns intensiv, das heißt von innen her, öffnen. Was für unermeßlich vielseitige Aufgaben hat eine Nur-Hausfrau, wie rufen die Wesen und Dinge ihrer Umwelt mehr oder weniger laut, mehr oder weniger ungeduldig nach ihrem Geist, nach dem Geist der Frau, die Ohren und Gespür hat für die Bedürfnisse und Wesenheiten ihrer Umwelt. Von Natur sind die meisten Frauen für das Horchen auf ihre Umwelt sehr begabt. Deshalb kann man meistens schon beim Eintreten in ein Haus spüren, ob hier der Geist einer echten Haus-Frau lebt. Unsere Zukunft wird davon abhängen, ob mehr Frauen diese Zusammenhänge erfassen und wertbewußt zu leben versuchen. Wie bitter nötig haben wir eine *solche* Emanzipation!

Man mißverstehe mich im Hinblick auf diese Stellungnahme nicht: Sie bedeutet nicht, daß ich es für unumgänglich halte, daß alle Frauen allein zu ihrem Grundberuf Hausfrau und Mutter zurückkehren. Es wäre bei unserer Lebensform nicht einmal ein Konflikt zwischen der einen oder der anderen Lebensweise notwendig, wenn man der Frau nur die Chance gäbe, sich so zu entscheiden, wie es ihrer Situation, ihren Zielen und Begabungen wirklich entspricht, statt sie durch den Trend zur ,,Emanzipation" einem Zwang zur Berufstätigkeit auszusetzen. Nur wenn in der Einschätzung der Öffentlichkeit der Beruf der Familienmutter ebenso hoch gewertet würde wie die Berufstätigkeit, wäre ja ein Status erreicht, in dem mündige und damit auch erst echt emanzipatorische Freiheit der Entscheidung möglich wäre. Denn da die meisten Frauen außerordentlich anpassungsfähig sind, merken sie oft gar nicht, wie sehr sie sich durch die Wertungen der Öffentlichkeit manipulieren lassen, und halten einen opportunistischen Standpunkt oft gerade für ihre eigenständige Meinung, die sie hitzig und radikal gegen Andersdenkende verteidigen. Sie beweisen auf diese Weise nicht Emanzipiertheit, sondern allein ihre unkritische Beeinflußbarkeit. Da die Wogen um die Frage Familie und/oder Beruf immer noch sehr hoch gehen, soll in diesem Zusammenhang ausführlich auf diese Problematik eingegangen werden.

Unter den jungen Frauen gibt es gar nicht einmal wenige,

die sagen: „Ich halte es überhaupt für richtiger, auf eine Familie zu verzichten. In meinem Beruf bin ich selbständig, er liegt mir, ich übe ihn gern aus. Er macht mich finanziell unabhängig, Kindererziehung ist heute *so* schwierig geworden, die Zukunft ist unsicher. Ich möchte lieber in *diese* Welt gar nicht erst Kinder hineinsetzen. Auch in bezug auf meinen Partner bin ich dann viel freier. Ich brauche nicht auf Gedeih und Verderb bei ihm zu bleiben, nur weil das für die Kinder notwendig wäre. Ich kann gehen, falls wir uns auseinandergelebt haben sollten. Es gibt meines Ermessens keine andere Möglichkeit für uns Frauen, wenn wir wirklich frei werden wollen."

Eine andere Gruppe von Frauen plädiert leidenschaftlich für die absolute Mutterschaft, wie etwa Frau Z. nach einem meiner Vorträge: „Ich habe fünf Kinder, die Jüngste ist jetzt zwölf, der Älteste zwanzig Jahre alt. Ich kann keineswegs sagen, daß ich mich in der Aufgabe, meine Kinder zu erziehen, bisher zuwenig ausgelastet oder gar entbehrlich gefühlt hätte. Alle Phasen der Kindererziehung haben mir große Freude gemacht, immer sind sie neu und anders. Zur Zeit bin ich in der Phase, wo ich mehr von meinen Kindern erzogen werde, als daß ich sie erziehe. Ich lerne viel von ihnen, und wir haben ein ganz wunderschönes Familienleben mit Diskussionsabenden, die wir alle sehr genießen. Ich habe mit meinen Kindern nicht die schrecklichen Sorgen, die viele meiner Freundinnen haben, die mehr ihr Eigenleben als Ehepaar lebten, die ihre Kinder Dienstboten überließen oder berufstätig waren. Meine Kinder sind durchschnittliche bis gute Schüler. Sicher, gelegentlich gibt es diese oder jene Sorge um ein Schulfach, um eine Krankheit oder ähnliches; aber im ganzen sind sie doch alle intakt, und mein Mann sagt oft anerkennend zu mir: ‚Du hast ihnen allen immer selbst die Tür geöffnet, wenn sie aus der Schule oder aus der Lehrwerkstatt nach Hause kamen.' Ich werde *nie* zur Berufstätigkeit ja sagen. Was geschieht, wenn ein Kind krank wird? Wer versorgt es dann? Und wie oft ist dies der Fall, wie lange dauert es allein, bis man alle durch die Kinderkrankheiten hat. Und was nützt es, wenn man als Berufstätige den Kindern am Abend besonders viel Zuneigung schenkt, wenn man doch gerade dann nicht da ist, wenn irgendeine Kindernot ganz brennend ist? Trost läßt sich im Kinderleben nicht einfach aufschieben. Wie wird denn der Charakter von Kindern, die nur selten erlebten, daß sie getröstet wurden? Außerdem: mir als Hausfrau kann doch keiner vormachen, daß man nach einem achtstündigen Arbeitstag noch viel Zeit für die Kinder hat. Was liegt da noch an Haushaltsarbeit vor – und wie wirkt sich denn wohl die überreizte Stimmung der überlasteten Mutter auf die Kinder aus? Ich kann mir wohl vorstellen, daß es hart für mich sein wird, wenn das jüngste Kind aus dem Hause geht; aber ich glaube nicht, daß ich dann vor Langeweile eingehen werde. Ich freue mich schon auf diese Zeit, in der ich dann Dinge tun kann, zu denen ich jetzt keine Zeit habe, wie Musik machen und weben. Und schließlich kann ich mir vorstellen, daß einem auch als Großmutter wieder neue Aufgaben zuwachsen."

Gegen diese überzeugend heile Welt stürmt eine dritte Gruppe von Frauen an. Sie sagt: „Dieses Modell läßt sich heute nicht mehr verallgemeinern. Die meisten Frauen bekommen heute nicht mehr fünf Kinder. Das ist ihnen zuviel. Im Durchschnitt bekommt die Frau in der Bundesrepublik Deutschland zwei Kinder. Wenn diese beiden Kinder etwa zwischen dem 20. und 25. Lebensjahr der Frau zur Welt gebracht werden, ist sie etwa mit fünfunddreißig Jahren weitgehend mit ihren Mutteraufgaben fertig. Soll sie von da an in ihrer Drei-Zimmer-Wohnung ‚grüne Witwe‘ und Lohnempfängerin ihres Mannes spielen? Und Berufstätigkeit will vorbereitet sein! Wenn man heute zehn bis zwölf Jahre in seinem erlernten Beruf ausgesetzt hat, so kommt man nur sehr schwer wieder hinein. Man hat in unserer raschlebigen Zeit einfach den Anschluß verpaßt. Die Jungen können es besser. Und man möchte ja auch nicht irgendeinen Job annehmen, gewissermaßen als Ungelernte." – Auf Kinder verzichten möchte diese Gruppe auch nicht. „Man fühlt sich als Frau aber doch viel vollständiger, das Leben wird sinnvoller, wenn man Kinder hat, mein Mann will auf einen Stammhalter auf gar keinen Fall verzichten", so argumentiert eine junge Frau. „Es muß doch möglich sein, ein Kind gesund großzuziehen und berufstätig zu sein. Ich kenne manche ‚Nur-Mutter‘, die ihre Kinder sinnlos verwöhnt und überbemuttert. Die Kinder werden erst recht nichts", sagte eine junge berufstätige Frau. „Wenn ich nach Hause komme, dann beschäftige ich mich intensiv mit meinen Kindern, das muß doch ausreichen. Außerdem: sind nicht die Heerscharen der Kinder von Kriegerwitwen, die berufstätig sein mußten, weil ihre Männer gefallen waren, ganz prächtige Erwachsene geworden, ein Beweis dafür, daß es so schädigend für die Kinder doch gar nicht sein kann, wenn die Mutter arbeitet. Wie sieht es mit der gelangweilten Stimmung der Nur-Mutter aus, die mit ihren drei kleinen Kindern tagaus tagein lebt, bemitleidet von den berufstätigen Freundinnen und Nachbarinnen, isoliert von vielseitigen Anregungen? Wie schlägt sich denn deren Griesgrämigkeit auf den Charakter der Kinder nieder?"

Außerdem ist das Geldverdienen wichtig. „Mein Mann ist knauserig", sagt die eine, „unsere Ehe wäre bald kaputt, wenn ich immer mit diesen sinnlosen Kämpfen und Bitten um Geld beladen wäre." „Mein Mann verdient allein nicht genug, um uns einen einigermaßen mittleren Lebensstandard mit zwei Kindern zu ermöglichen", sagen die anderen. „Wir wollen so bald wie möglich bauen, Reisen machen, uns besser einrichten", erklären die nächsten.

Wie berechtigt, wie wirklichkeitsgerecht sind alle diese Argumente. Bevor ich nun Stellung nehme von meiner Warte als Psychagogin her, möchte ich zunächst einmal feststellen: Wir sehen aus diesen verschiedenen Standpunkten: unser Leben als Frau läßt sich nicht über einen Kamm scheren. Was für den einen richtig ist, was der eine bewältigt, ist für den anderen gerade das Falsche. Wichtig ist, daß wir das für uns Richtige, das unserer Situation Angemessene und uns Mögliche tun. Falsch ist es auf jeden Fall, so oder so zu handeln, weil *man* es tut, zum Beispiel in den Beruf zu gehen, weil das eben up to date ist, weil das angenehmer ist, weil man dann auf die „Nur-Hausfrauen" herabblicken kann. Eine solche Haltung zahlt sich nicht aus. Wer seine Lebensweise nur aufgrund kollektiver Muster vollzieht, gerät oft in Teufels Küche, zumal dann, wenn er die Anzeichen übersah, daß für ihn, seine Konstitution, seine besonderen, individuellen Verhältnisse diese oder jene Entscheidung einfach die falsche war.

Die Entscheidung also, was für die Frau im einzelnen das Richtige ist, kann ihr auch ein Fachmann nicht abnehmen. Aber dennoch müssen wir einige grundsätzliche Dinge wissen, ohne die eine richtige Entscheidung pro oder contra keine Entscheidung ist, weil sie nämlich im Status der Unkenntnis vollzogen worden ist.

In bezug auf die Entscheidung, auf die Mutterschaft zu verzichten, müssen die so Handelnden auf jeden Fall wissen, daß ihre Berufsarbeit eine Tätigkeit sein muß, in der sie ihre Begabungen voll entfalten können und die einen umfassenden Sinn hat, der als Lebenssinn ausreicht. Eine der häufigsten Ursachen für Depressionen ist das Gefühl, ein sinnloses Leben zu leben. Es reicht aber bei der Art Mensch nicht aus, nur für den Gelderwerb, nur für egoistische Trieberfüllung zu leben. Der Mensch ist so programmiert, daß seine Zufriedenheit, sein Glück davon abhängt, daß er etwas für die Zukunft tut. Für die Frauen ist das durch die Mutterschaft am handfestesten möglich. Auch im Atomzeitalter müssen wir mutig und unverzagt an der Zukunft arbeiten. Wer sich davon ausschließt, wer das nicht wagt, zahlt die Zeche zunächst allein – als Unzufriedenheit, als Leere und Langeweile.

In bezug auf das Problem Mutterschaft und durchgehende Berufsarbeit der Mütter unmittelbar acht Wochen nach der Geburt ihrer Kinder ist zu sagen: Ich habe an den Fällen in meiner Praxis immer wieder bestätigt gefunden: gerade die ganz kleinen Kinder vertragen es schlecht, zur Betreuung in verschiedene, in mehrmals wechselnde Hände abgegeben zu werden. Kinder brauchen eine immer gleiche Betreuerin, vor allem bei den Fütterungsvorgängen, weil der sogenannte intentionale Antrieb, die Fähigkeit, sich für die Welt zu interessieren, sie erleben zu wollen, weitgehend von der Orientierung und Zentrierung auf die *eine* erste Pflegerin abhängt.

Eine Entwicklung hinein in die kollektive Neurotisierung der jungen Generation können wir uns nicht leisten, wenn wir Zukunft haben wollen; denn das erste Opfer ist das Kind, dessen optimale Entfaltungsmöglichkeit im Ansatz behindert und verstümmelt wird, das zweite die Mutter, auf die die Unbotmäßigkeit, die Faulheit, die neurotische Verwahrlosung, die häufig daraus resultiert, als Bumerang seelischer Lasten zurückfällt. Das dritte Opfer aber ist die Gesellschaft selbst, weil ihre Existenzfähigkeit durch eine solche Regelung gefährdet ist. Eine Gesellschaft, die aus bedenkenloser Profitgier die Mütter in ihr Getriebe einspannt, wird sich Verwahrloste und Anarchisten einhandeln, deren Aggressionsdruck stark genug ist, um ihr bei der nötigen Quantität den Garaus zu machen.

Die jungen Mütter brauchen also ein Bewußtsein davon, daß die Profitgier von Arbeitgebern, aber vor allem die von Arbeitnehmerinnen die Konsequenz hat, ihre Kinder zu seelisch Verhungerten zu machen, die denen, die sie schädigen, mit ihrer Habgier ins Gesicht springen werden. Die jungen Mütter müssen also unterscheiden lernen zwischen Ansprüchen, die von außen an sie herangetragen und hochgepeitscht werden, und ihrem echten Recht auf Selbständigkeit. Materielle Riesenansprüche sollten sie meiden, ihr Recht auf Selbständigkeit sollten sie pflegen lernen – aber erst nachdem ihre Kinder aus dem Gröbsten heraus sind! Da die Frauen heute im Durchschnitt nur zwei Kinder bekommen, haben sie wohl Aussichten, lange Jahre ihres Lebens berufstätig und unabhängig zu sein. Nach einem relativ kurzfristigen Intervall ist für die Frau in vielen Fällen Halbtagsarbeit möglich.

Diese Gegebenheiten und Zusammenhänge sind heute vielen jungen Frauen allerdings auch bereits mehr oder weniger bewußt. Aber nun kommt das Erstaunliche: sie denken gar nicht daran, aus diesen Erkenntnissen Schlußfolgerungen zu ziehen – im Gegenteil: die Prozentzahlen der Frauen, die acht Wochen nach der Entbindung wieder in den Beruf gehen, nehmen von Jahr zu Jahr zu. Das liegt nicht allein daran, daß der Stand „junge berufslose Familienmutter" keine Anerkennung genießt; nicht nur daran, daß die wenigsten Menschen es auf die Dauer aushalten, in einer Rollenfunktion zu leben, die keine Achtung durch die Umwelt erfährt; nicht nur daran, daß Bewußtmachen einer Schwierigkeit Leidensdruck hervorruft; es liegt zusätzlich zu all dieser künstlichen Erschwerung von außen daran, daß die Situation der Familienmütter de facto immer schwieriger wird. Die reinen Hausfrauentätigkeiten sind durch die technischen Erleichterungen erheblich zusammengeschrumpft, so daß selbst manche bäuerlichen Betriebe so technisiert und spezialisiert worden sind, daß die Mitarbeit der Frau nicht mehr so absolut notwendig ist. Dadurch wäre sehr viel mehr Zeit für die Beschäftigung mit den Kindern, für ihre Anregung und Erziehung. Aber diese Kinder sind durch die allgemeine Verwöhnung bereits im Kleinkindalter von Jahrgang zu Jahrgang viel, viel anstrenger geworden, so daß selbst bei den vielen Anfangswilligen vor allem im städtischen Bereich schließlich doch Hals über Kopf die Flucht zurück in den Beruf vollzogen wird und die Kinder in Kinderkrippen, Heimstätten und Internaten entschwinden.

Man könnte daraus den Schluß ziehen – und man tut das auch bereits vielerorts lautstark –, daß an diesen Gegebenheiten deutlich wird, daß die Kleinfamilie unserer modernen Industriegesellschaft eben nicht mehr angemessen ist, daß sie durch andere, unserer Lebensweise angepaßte Modelle ersetzt werden müßte. Wie diese Modelle sind, wird bereits weitgehend praktiziert; sie heißen Frühkollektivierung der Kinder vom Säuglingsalter ab, Pflege und Erziehung durch Institutionen und in ihnen arbeitende Fachkräfte.

Aber die Lösung des Problems kann nicht einfach allein darin bestehen, daß man – etwa durch ein Säuglingsschutzgesetz – die Mütter zwingt, berufslos zu bleiben, solange die Kinder klein sind; denn wir können auch kasuistisch nachweisen, daß es nicht damit getan ist, daß eine Mutter angekettet und mürrisch geknechtet sich widerwillig an das Geschäft der Kinderaufzucht begibt. Ablehnung des Kindes durch die Mutter – das zeigt schon die Biographie Schopenhauers – erzeugt oft eine ähnlich negativistische, pessimistische Grundeinstellung am Leben wie der frühe Mutterverlust oder die unangemessene Verwahrung des Kindes.

Es liegt also offenbar eine berghohe Aufgabe in bezug auf den Konflikt der Frau zwischen Beruf und Familie unmittelbar vor unserer eigenen Tür, und es ist das Gebot der Stunde, nach guter Hausfrauenerfahrung den Rat zu beherzigen, daß sich fernliegende Probleme nur wirkungsvoll bewältigen lassen, wenn zuerst das Nächstliegende gemeistert worden ist.

Wenn wir uns von der Maschine und ihren Managern manipulieren lassen, werden wir Frauen in Zukunft nur einen höchst fragwürdigen, nur kurzfristig positiven Dienst für die Volkswirtschaft leisten können. Unsere Möglichkeit, öffentliche Belange mitzubestimmen, besteht heute wesentlich in dem Mut, gegen allen konformistischen Trend uns des Wertes und der Größe der Mutteraufgabe bewußt zu sein und danach zu handeln. Den jungen Müttern muß durch ein umfassendes Programm aller Kräfte geholfen werden, damit sie es schaffen, wenigstens in den ersten anderthalb Jahren, noch besser bis zum Schuleintritt ihres jüngsten Kindes, berufslos zu bleiben, ohne darunter schwer zu leiden.

Aber nicht nur in bezug auf die Probleme der Berufstätigkeit ist unsere Emanzipationsbewegung heute auf einem einseitigen, unmenschlichen Weg. Die staunenswertesten Erscheinungen werden im Zuge der sexuellen Emanzipation der Frau sichtbar. Pinkus, der Erfinder der Antibabypille, leitete am Anfang der fünfziger Jahre hier eine bemerkenswerte Phase ein; denn endlich, endlich gab es dies auch für die Frauen: den Genuß ohne Reue durch eine wirksame Schwangerschaftsverhütung, die allein in ihrer Hand liegt. Endlich gab es die gleichen Möglichkeiten im Hinblick auf sexuellen Genuß, endlich war das Heer der Erinnyen, der ängstigenden Rachegöttinnen, die mit dem Austragen und der Aufzucht unerwünschter Kinder straften, gebannt. Auf dem Taumel dieses Glücks setzte die Sexwelle der sechziger Jahre ein und gab auch den Seelenärzten viele Möglichkeiten zu neuen Erfahrungen, wie sie in dieser Breite und Fülle niemals vorher gemacht werden konnten. Von Jahrgang zu Jahrgang früher begannen die Jugendlichen mit dem Geschlechtsverkehr, die Erwachsenen entdeckten unter Anleitung immer neue und tollere Künste, der allgemeine Spaß am Wechseln der Partner wurde immer größer. Sind unsere Frauen dadurch freier, befreiter, glücklicher geworden?

Die Praxis läßt viele andere, neue Probleme sichtbar werden. Ein Fall soll für viele stehen: Ein junges Paar sucht mich auf, zwei Akademiker, angeblich wegen des Kindes der Frau; sie wollen von mir wissen, wie sie es schaffen sollen, diesem Kind zur Schulreife zu verhelfen. Es ist, trotz reichen Wortschatzes, trotz vieler Anregungen durch die Erwachsenen, wegen seiner Unkonzentriertheit und seines Mangels an „sozialer Intelligenz" zum zweiten Male wieder ausgeschult worden. Sie meinen, es zeige auch sonst Ansätze zur Verklemmtheit, es sei in seiner Siebenjährigkeit nicht mehr bereit, vor den Erwachsenen zu masturbieren, es habe beim Ansehen eines Filmes über die Geburt den Arm vor die Augen gelegt, es weigere sich, weiter dem Geschlechtsverkehr seiner Mutter mit dem „Ersatzvater" zuzusehen. Das müsse, so meint der Ersatzvater, per Übertragung an der Mutter des Kindes liegen, denn auch sie zeige sich zunehmend abweisender seinen eigenen sexuellen Bedürfnissen gegenüber, obgleich die regelmäßige Einnahme der „Pille" alle Ängste vor einer unerwünschten Schwangerschaft ausschalte, obgleich er ihr durch ihr Freisein von einer Ehefessel alle Widerstände aus dem Weg geräumt hätte. Sie müsse wohl eine Hysterie haben, denn neulich habe sie ohne echten Anlaß schreiend einen ganzen Haufen schmutziger Kaffeetassen von seinem Schreibtisch an die Wand geworfen. Es sei aber deutlich gewesen, daß eigentlich nicht die Wand, sondern er das Ziel ihrer maßlosen Aggression gewesen sei. Auch seine Partnerin ist von ihrer Hysterie überzeugt und schaut mich hilfeheischend an.

In mehreren Gesprächen unter vier Augen zeigt sich dann

aber, daß ein höchst gesundes, aber völlig verdrängtes Empfinden dieser Frau die Ursache der Komplikationen ist. „Mittags, nach der Schule", sagt die junge Lehrerin, „gehen wir erst mal ins Bett. Da steht der Abwasch, da sind die Korrekturen, da ist das Kind, das zunehmend mehr neurotische Züge zeigt, alles wartet auf mich – wie soll ich eigentlich in einer solchen Situation entspannt sein? Ich muß aber einen Orgasmus haben, sonst ist Manfred nicht mit mir zufrieden. Ich habe aber nie einen." Ich frage die junge Frau, ob es denn nicht möglich sei, mit dem Partner, der doch so gut in Gesprächsführung bewandert sei, auch über die Ursachen des eigenen Mißbehagens zu sprechen und ihn um Rücksicht auf die häuslichen Pflichten zu bitten. Ja, meint sie, das hätte sie immer wieder versucht, aber er sähe das nicht ein. „Wir dürfen uns nicht vom Leistungszwang erdrücken lassen", sagt er. Ich müsse da allmählich umlernen und ein verändertes Bewußtsein bekommen. Aber als dann sein Schreibtisch wieder einmal mit schmutzigem Geschirr und vollen Aschenbechern übersät gewesen sei, da habe sie eben die Wut gepackt. Ich frage sie, ob sie denn noch nie auf die Idee gekommen sei, das als eine Spontanreaktion auf Gewaltherrschaft anzusehen. „Wieso?" meint sie begriffsstutzig, „Manfred läßt mir doch alle Freiheit." Die intellektualistische Manipuliertheit dieser Frau ging so weit, daß sie nicht einmal bewußt erlebte, daß dieser Mann eine rücksichtslose Sexdiktatur über sie und ihr Kind ausübte. Allein ihre Seele, ihr Körper und ihr Kind wehrten sich dumpf und irrational gegen die unnatürliche Fesselung! Es dauerte noch eine ganze Weile, bis soviel intellektualistischer Zement aufgebrochen war, daß diese junge Frau erkannte, daß sie keineswegs Emanzipation verwirklichte, sondern in die Falle des Egoismus und der Indoktriniertheit dieses Mannes gegangen war, in ein Gefängnis, das den Widerstand mächtig werden lassen mußte und ihren Ausbruch vorbereitet hatte.

Andere Frauen werden durch die Sexdiktatur sexualsüchtig, aber auch nicht glücklich, denn sie brauchen immer neues Futter und werden immer wahlloser. Manche, sensiblere, wie die junge Akademikerin, antworteten mit körperlicher Abscheu, die sich gegen ihren Willen durchsetzt, oder mit einem Sterben ihrer Liebe, mit dem Unvermögen ihrem Partner noch Sympathien entgegenzubringen.

In Verläufen dieser Art zeigt sich, daß auch die „Pille" die

Frau nicht automatisch zum Dauervollrausch der Sinnenlust befreit, sondern daß unreflektiert sogar eine neue Form der Manndiktatur entstehen kann. Die weibliche Sexualität ist *so* anders als die des Mannes, hat so viel polar Gegensätzliches, daß es zu schrecklichen Fehlentwicklungen kommen muß, wenn man wähnt, man könnte sie der männlichen Sexualität gleichsetzen. Für die Frau ist der Orgasmus nicht so eindeutig der Höhepunkt ihres Erlebens wie für den Mann. Wenn man der Frau die Erwartung aufnötigt, sexuell genauso zu empfinden wie der Mann, so beraubt man sie in ihrem zentralsten Bereich, dem der Liebe, ihrer Freiheit und nimmt ihr damit den wichtigsten Teil ihrer seelischen Entfaltungsmöglichkeiten.

Es ist ein brutaler, mechanistischer, seelenverstümmelnder Irrtum, zu meinen, daß der Mann sich dadurch, daß die Frau „underpills" ist, den Freipaß zur sexuellen Betätigung zu jeder Zeit erkaufen kann. Das ist neuer, subtiler Mißbrauch, noch viel gemeinere Repression der Frau als ihre Unterdrückung im prüden Patriarchat; sie degradiert die Frau zu einem Gegenstand, zu einer Art Automat, der durch Künstlichkeit jederzeit funktioniert, selbst noch in den Tagen der Abzugsblutung. Das muß eine neue Revolte vorbereiten, die sie als größtes Unglück erleben muß: ihre Abwehr gegen die körperliche Beziehung. Denn ihre freiwillige Hingabe, ihre Selbstaufgabe an den geliebten Mann bildet grundsätzlich das Zentralstück ihres Glücks, die Hauptmöglichkeit zur Sinnerfüllung ihres Lebens. Nimmt man die Erfahrung der Frauenärzte hinzu, daß nach jahrelanger Pilleneinnahme die Libido der Frau merklich absinkt (diese Erfahrung ist sicher auch ein Grund dafür, warum so wenigen Gynäkologenfrauen von ihren Männern die Pille verordnet wird), so scheint die sexuelle Emanzipation auf dem Boden der Pille zu einer der subtilsten Manipulationen der Frauen zu gehören, die sie je haben erleiden müssen. Konnte der verantwortungsbewußte Mann früher im Hindenken und Rücksichtnehmen auf das Glück seiner Frau sich mit ihr gemeinsam mühen, die Erzeugung unerwünschter Kinder zu verhindern oder die unerwünscht Geborenen dennoch geduldig und vertrauensvoll anzunehmen – war es ihm auf diese Weise möglich, menschliche Formen des Liebens zu verwirklichen, so braucht er heute viel mehr Willenskraft, viel mehr seelische Differenziertheit und Gespür für die seelischen Bedürfnisse der

Frau, um nicht im Zeitalter der Pille einer Art „Verhausschweinung" (Konrad Lorenz) zu verfallen.

Die Frau, die von der Schöpfung die Aufgabe erhielt, ihren Mann durch ihre Liebesbeziehung zur seelischen Entfaltung zu verhelfen, wird durch diesen Rückfall um den Sinn ihrer Existenz gebracht. Selbst wenn ihr das nie bewußt wird, erlebt sie diese Situation auf die Dauer als Gefährdung ihres Glücks, die ihr das Leben vergällt. Männer müßten also nicht nur kochen lernen, sie müßten auch den Mut haben, der unwürdigen Manipulation zur „Verhausschweinung" Widerstand entgegenzusetzen und sich zum Lieben, zu Rücksicht, Fürsorge, Respekt und Verantwortlichkeit gegenüber ihren Frauen zu emanzipieren. Die Frauen aber müssen erst einmal ganz klar in ihr Bewußtsein nehmen, daß der Pillenweg sie nicht vollautomatisch in die Freiheit führt.

Nur scheinbare Emanzipation, in Wirklichkeit aber ein Freipaß zu Ausnutzung durch den Mann oder zur Überschreitung der eigenen Grenzen würde auch die gesetzliche Freigabe der Abtreibung bedeuten. Auf den verschiedensten Gebieten sind wir heute schon der Fehlvorstellung erlegen, man brauche nur die Gesetze und die gesellschaftlichen Tabus abzuschaffen, und es wären automatisch die krank machenden Schuldgefühle der Menschen mitbeseitigt. Aber davon konnte zum Beispiel weder bei der Freigabe der Homosexualität noch bei der Freigabe der Pornographie die Rede sein; auch die Freigabe der Abtreibung befreit die Frauen nicht von ihren Schuldgefühlen, denn der Mensch wird nicht nur von äußeren Verordnungen her bestimmt, er hat auch ein Gewissen, das nicht einfach abschaffbar ist. Durch alle Verdrängung hindurch meldet es sich handgreiflich in den Folgen der Handlungen oder durch psychosomatische Leiden und fragt: Was hast du getan? Ja, durch alle Beschönigungs- und Rechtfertigungsversuche hindurch fordert es den Menschen zur Auseinandersetzung, zum Annehmen seiner Schuld und zur Änderung seiner Einstellung auf. Ich kenne aus meiner Praxis viele Ehepaare, deren Schuldgefühle wegen einer Abtreibung erst aufgelöst wurden, nachdem sie den Entschluß gefaßt hatten, noch ein Kind in die Welt zu setzen. Die Frauen, die mit Plakaten „Mein Bauch gehört mir" zur Emanzipation von Gesetz und Mann durch Abtreibung auffordern, sind auf dem Holzweg. Er führt die Frauen nicht zur Befreiung. Bei genauem Hinsehen müssen viele dieser

Frauen (außer den Mitläuferinnen, die stumpf ein Stück Aggressionsabfuhr agieren) auch nur so laut schreien, um ihre Schuldgefühle in eigener Sache zu übertönen, in der Hoffnung, von ihnen – durch die Gesetzesänderung wenigstens nachträglich mit dem Stempel der Berechtigung versehen – erlöst zu werden. Die hemmungslose Erleichterung der Abtreibung macht die Frauen, die noch keinen hinreichenden Grad der Bewußtseinsbildung erreicht haben, zum Freiwild für den rücksichtslosen Mann. Sie zahlen diese Zeche allein – mit dem Eingriff in ihren Leib, mit der notvollen Verarbeitung der Schuld. Wie so oft bleiben sie auch hier die Leidtragenden und merken das in all ihrem hektischen emanzipatorischen Eifer wieder einmal nicht rechtzeitig.

Das soll nicht heißen, daß mich meine Praxiserfahrung nicht etwa hätte lehren können, daß die Abtreibung unter Umständen von zwei ausweglosen Übeln das kleinere ist. Sie aber einem ganzen Kollektiv von Frauen zu gestatten, wäre nur verantwortbar, wäre nur dann wahre Emanzipation, wenn *alle* Frauen wirklich wüßten, was es für die Seele und den Leib einer Frau bedeutet, ein Kind abzutreiben. Sie müßten alle in ihrem Bewußtsein haben, daß erstens auch bei einem durch den Arzt vorgenommenen Schwangerschaftsabbruch nicht mehr auflösbare Unfruchtbarkeit die Folge sein kann, daß zweitens der Eingriff immer noch lebensgefährlich ist, daß drittens die psychische Lage völlig anders ist, wenn der Druck der Not erst einmal beseitigt und das Bewußtsein zu dominieren beginnt, Leben getötet zu haben, daß viertens das dadurch entstehende Schuldgefühl Abwendung vom Partner, Ekel vor seiner Sexualität, eigene psychosomatische Leiden (Migräne) und ein unbewußtes Strafbedürfnis entstehen lassen kann, so daß erhebliche, oft auch zeitraubende, gefährliche und doch unfruchtbare Lebensschwierigkeiten auftauchen.

Nur bei einem Bewußtsein über diese erheblichen Risikofaktoren wäre es möglich, *allen* Frauen die Entscheidung zur Abtreibung allein zu überlassen. Nirgendwo deutlicher als an dieser Frage zeigt sich die Wahrheit der allgemeinen Erkenntnis, daß der Mensch erst dann in die Freiheit entlassen werden kann, wenn er einen solchen geistig-seelischen Reifegrad besitzt, daß er in der Lage ist, die Freiheit zu ertragen, ohne sie zu mißbrauchen, oder genötigt ist, sich mißbrauchen zu lassen. Weder die inneren noch die äußeren Voraussetzungen dazu sind für die Mehrzahl der Frauen in Westdeutschland heute gegeben. Da manche von ihnen in Holland und England ihre Kinder durch Ärzte abtreiben lassen, haben wir viele Möglichkeiten, die negativen Folgen zu beobachten.

Kürzlich saß eine Siebzehnjährige weinend in meinem Behandlungszimmer, die ich – mit vielen Hilfsangeboten für ihr Kind – vergeblich versucht hatte, davon abzuhalten, nach Holland zu fahren. Sie tat es dennoch (mit Hilfe des Geldes ihrer Mutter), kam psychotisch verstört zurück, sah in jedem Gegenstand ihr ermordetes Kind und überhäufte sowohl die Mutter wie den Partner mit Reaktionen von Abscheu, Haß und Vergeltungswünschen.

Ihre „Freiheit der Entscheidung" hatte nicht in die Befreiung geführt.

Erfahrungen dieser Art machen mich leiden an den modischen Formen von Emanzipation; denn sie verspielen nicht nur das Glück, sondern häufig auch die Freiheit der Frauen, die sie vorher immerhin noch teilweise besaßen.

Die wahre geistig-seelische Emanzipation hat noch gar nicht begonnen; denn sie müßte voraussetzen, daß die Frauen ein Bewußtsein über ihre besonderen Eigenschaften entwickeln, sie müßten erkennen, daß niemals *Angleichung* an den Mann, auf welche Weise auch immer, sie vom Sklavendasein erlöst, sondern nur ein Konzept, das ihnen hilft, ihre speziellen Eigenarten zur Entfaltung zu bringen. Nur über den Weg eines gesteigerten Selbstwertgefühles, nur durch das Erkennen der Gegebenheit, daß es eine menschenwürdige Zukunft ohne den seelischen Einsatz der Frauen einfach nicht gibt, könnten Wege zur Emanzipation gefunden werden. Es würde dann deutlich werden, daß wir Frauen ganz andere Bildungswege gehen müßten und deren Verwirklichung in speziellen Frauenschulen brauchen. Es würde dann sichtbar werden, daß wir uns nur differenzieren können, wenn man uns die Zeit läßt zum Beobachten, Horchen und Meditieren, zum „Austragen" von Entscheidungen, ähnlich wie wir unsere Kinder austragen. Dann könnte man ebensoviel Wert darauf legen, das Lieben zu lernen, zu lehren und zu leben, so wie man bei uns auf die Ausbildung des Verstandes Wert legt und ihr viel Zeit einräumt. Das berechtigte Selbstwertgefühl der Frau könnte dann auch erwirken, Mutterschaft, der sie zehn bis dreißig Lebensjahre ihrer größten Leistungsfähigkeit widmet, als einen Beruf anzusehen, der eine Rente verdient. Nur ein Staat, der dergleichen Gesetze verabschiedet, kann sich rühmen, mit der Gleichberechtigung ernst gemacht zu haben.

Aber wahre Emanzipation wird es wohl erst geben können, wenn mehr Männer erkennen, daß sie sich letztlich nur selbst schaden, wenn sie die Frauen, auf welche Weise auch immer, in ihr Joch zu spannen versuchen. Nur die Männer, die den sehr aktiven Entschluß fassen, auf Machtausübung und Sexmanipulationen zu verzichten, und sich statt dessen auf den mühevollen Weg zur Partnerschaft machen, können erleben, daß die Liebe bei ihnen zu Hause dauerhaft blüht. Denn ohne die ganz freiwilligen Liebesgeschenke der Frauen können die Männer nicht die seelischen Kräfte entfalten, die sie brauchen, um den mühseligen Weg zur Verwirklichung von Menschlichkeit und damit zu echter Lebenserfüllung hinaufzusteigen.

Erziehen ohne männliche Leitbilder?

Viele Kinder und Jugendliche heute, die mir in meiner Arbeit als Psychagogin begegnen, leiden an „Vatersehnsucht". So schreibt die mir unbekannte Petra M. aus einem Internat, in dem sie zur Schule geht: „Oft weiß ich nichts mit mir als Mädchen anzufangen. Ich habe das Gefühl, als wäre einiges während meines Wachsens zurückgeblieben. Ich habe Angst, daß es nicht mehr nachkommt, denn ich wünsche mir, Frau zu werden. In meinen Überlegungen suchte ich die Ursache für diese Unsicherheit im frühen Tod meines Vaters. Denn seit ich vier Jahre bin, fehlt eine andersgeschlechtliche Person in der Familie, an der ich die Reaktion auf mein Verhalten ablesen und lernen kann. Manchmal denke ich, ich könnte das Werden nicht verkraften. Manchmal scheint es mir, als wären meine Gedanken reifer als mein Tun und mein Wesen. In mir ist vieles noch nicht im Einklang. Aber Angst, nicht reif werden zu können, habe ich nur in dieser einen Beziehung. Ist diese Angst, keine Frau werden zu können, unnatürlich?"

Der einundzwanzigjährige Olaf, dessen Vater in seinem zehnten Lebensjahr die Familie verließ, um bei einer anderen Frau sein Glück zu suchen, sagt ebenso lakonisch wie versteckt traurig: „Ich ertappe mich immer wieder dabei, nach einem Vater zu suchen." Und der dreißigjährige Rüdiger M. erklärt: „Ich renne wie ein Idiot hinter alten Männern her, will mich an sie binden, lasse alle Selbständigkeit fahren. Ich benehme mich in dieser Hinsicht ganz unrealistisch und werde von meinen Idolen denn auch immer wieder enttäuscht. Ich glaube, es liegt daran, daß ich meinen Vater nie gekannt habe. Meine Mutter ist Kriegerwitwe, und ich habe das Leben in einer vollständigen Familie nie erlebt."

Die Reihe dieser Beispiele ließe sich beliebig verlängern. So viele tapfere Frauen es auch gibt, die ihre Kinder ohne Vater aufziehen und sie zu seelisch gesunden, ausgeglichenen Menschen werden lassen, so deutlich zeichnet es sich doch auch ab, daß Menschen, die vaterlos aufwuchsen, diesen Umstand als eine Entbehrung, als ein Defizit erleben, das in ihnen einen Nachholbedarf entstehen ließ. Es erweist sich, daß der Vater für das Leben seiner Kinder mehr ist als nur der „Zeugungsfunke", daß er eine höchst wesentliche Aufgabe hat im Entfaltungsprozeß seiner Kinder. Das läßt sich nicht nur an solchen Aussagen ablesen, wie ich sie eben berichtete, es läßt sich häufig auch an den Schwierigkeiten jener Kinder und Jugendlichen erkennen, die zwar einen Vater haben, aber einen, der sich um die Erziehung und das Leben seiner Kinder wenig kümmerte. Solche Fälle sind uns in den letzten dreißig Jahren in großer Zahl bekannt geworden. Zum überwiegenden Teil lag das daran, daß die aus dem Krieg heimgekehrten Männer in die harte Aufbauarbeit der Nachkriegsjahre einstiegen, die sie einfach nicht mehr entließ. Mit einer Zähigkeit, mit einem Eifer ohnegleichen ging diese Männergeneration daran, ein neues Leben zu gestalten, schuftete sich ab, ging in der Arbeit auf und oft auch unter. Für diese Vätergeneration, die der 1915 bis 1930 geborenen, die in ihren entbehrungsreichen, kargen Kinderjahren noch arbeiten gelernt hatten, wurde in der Nachkriegszeit die Berufsarbeit zum Abgott. Diese Väter bauten am Wohlstand, sie gerieten in den Sog des Geldverdienens, weil das Wirtschaftswunder unversehens und unerwartet dem Tüchtigen alle Möglichkeiten dazu bot. Wenige waren es nur, die einhalten konnten, als ein gewisser Lebensstandard erreicht war, die sagen konnten: „Nun ist es genug", die die Überstunden abbauten und sich mehr Freizeit und damit mehr Zeit für die Familie nahmen. Hinter den meisten fiel die Klappe zum Gefängnis der Geldmachermühle unversehens lautlos zu, und sie blieben der Familie als Vater, als ein Mensch mit Muße dauerhaft verloren. Inwiefern dieser Tatbestand in bezug auf die charakterlichen Wesenszüge unserer Jugend heute Entscheidendes bewirkte, soll später dargestellt werden. Zunächst müssen wir konstatieren, daß durch diesen Sachverhalt die Frauen in den Familien eine bisher im Patriarchat noch nicht dagewesene Vorrangstellung bekamen. Manche nutzten mit hochgekrempelten Ärmeln diesen Umstand; sie knieten sich hinein ins Erziehungsgeschäft, lasen Erziehungsbücher, besuchten Fortbildungskurse, richteten sich nach neuen pädagogischen Richtlinien und wiesen den Vater, wenn der etwa an den Wochenenden auch noch ein Wörtchen mitreden (oder mitschimpfen) wollte, mit ironischer Überlegenheit als nicht zuständig aus dem Kinderzimmer. Viele andere Frauen litten sehr unter ihrem Alleingelassensein in der Kindererziehung, fühlten sich überfordert und machten ebenfalls, daß sie angesichts einer ihnen zu schwer werdenden Aufgabe davonkamen. Davonkommen konnten die Frauen jenseits des Jahres 1955 am leichtesten durch die Rückkehr in ihren Beruf. Sie ließen die Kinder im allgemeinen bei der Großmutter zurück. In den seltensten Fällen spielte dabei der Großvater eine bestimmende Rolle. Außerordentlich häufig war er gar nicht mehr vorhanden, so daß die Betreuung der Enkel für die verwitwete Großmutter eine ausfüllende neue Aufgabe bildete. Oft lief der alte Großvater auch nur noch gewissermaßen „nebenher", ohne für das Leben der Enkel eine lebendige, prägende Gestalt zu werden.

Entsprechend diesem zunehmenden Trend zur Berufstätigkeit der Familienmütter wurde aber auch der Lehrerberuf zunehmend verweiblicht. Es entstand ein größeres Potential verfügbarer Erzieherinnen, so daß es möglich war, viel mehr Kindergärten zu eröffnen. Das alles aber hatte auch eine einseitige Folge: daß die Kinder in ihrem Werdegang weitgehend und in zunehmendem Maße von Frauen betreut wurden. Die Briefschreiberin Petra zum Beispiel hatte in den fünfzehn Jahren ihres Lebens niemals, auch in der Schule nicht (außer dem Direktor), eine männliche Bezugsperson erlebt.

Aber, so müssen wir uns fragen, ist das nicht eine begrüßenswerte Entwicklung? Haben nicht gerade die Frauen von Natur mehr Gespür für die Belange der Kinder? Können sie nicht meistens mit sehr viel mehr Geschick mit ihnen umgehen? Haben sie nicht mehr Geduld und mehr Lust am Betreuen der Kinder, auch gerade in all deren leiblichen Bedürfnissen? Das ist sicher; und es hat sich auch gezeigt, daß das Aufwachsen eines Kindes ohne Mutter nur unter der Obhut des Vaters sehr viel schwerer gelingt, ohne daß es zu Fehlentwicklungen kommt. Und dennoch – das zeigen bereits die Äußerungen der jungen Menschen, die ich am Anfang schilderte – bedeutet Vaterlosigkeit ein Defizit im Leben des Kindes. Das liegt vor allem auch daran, daß selbst die tüchtigsten Mütter und Großmütter nicht für alle Belange ihrer Kinder zuständig sein können. So neigen zum Beispiel gerade die warmherzigen Frauen sehr viel mehr zum unnachdenklichen Verwöhnen. „Fittich", sprach sie, „gönn es ihnen", hat schon Wilhelm Busch gesagt und damit einen wesentlichen mütterlichen Zug treffend charakterisiert. Wir Frauen sind nur allzu glücklich, wenn wir unsere Kinder beschenken können mit *allem,* was wir haben. Die Großmütter, die aus den harten, entbehrungsreichen Jahrgängen stammen, sind in diesem Verwöhnungsbedürfnis geradezu blindwütig. Alles sollen sie haben, die Süßen, und Geld wird ja reichlich heimgebracht von der tüchtigen Tochter, dem fleißigen Schwiegersohn. Und dann werden die Kinder überhäuft mit Cola, kistenweise, mit Süßigkeiten, mit Südfrüchten, mit Spielzeug, mit immer neuer, immer schickerer Bekleidung. Sie merken und bedenken meistens nicht, diese Großmütter und Mütter, daß sie damit ihren Kindern etwas Bedenkliches antun: durch die Verwöhnung lahm und träge zu werden, ihnen die Freude an Aktivität und die geduldige Erwartung auf ein seltenes Geschenk zu nehmen und sie damit *arm,* statt reich zu machen!

Die Väter haben meistens ein besseres Gespür für Verwöhnungen, es gelingt ihnen leichter, nein zu sagen, Grenzen der Ansprüche zu setzen und von ihren Kindern Geduld zu fordern. Sie sind von ihrer Struktur her leichter fähig zur Konsequenz in der Erziehung. Konsequenz in der Erziehung aber ist keineswegs einfach überflüssig. Kinder werden klarer, zufriedener, zukunftsfreudiger, wenn sie innerhalb ihres Werdeganges auch ihre Grenzen kennengelernt haben, wenn man ihnen auf diese Weise Orientierungshilfen vermittelte, die es ihnen möglich machen, nach vorn zu sehen und die Kräfte dorthin zu konzentrieren, statt unentwegt durch Riesenansprüche die eigenen Grenzen breitflächig überschreiten zu müssen. Fehlt dieses Element ganz in der Erziehung der Kinder, so beginnt bereits vom Schulalter an das Leben sehr mühsam zu werden. Wer niemals zu verzichten gelernt hat, ist nicht bereit, Schularbeiten zu machen. Wer keine Schularbeiten macht, versagt in der Schule, selbst wenn er hochintelligent ist. Wer in der Schule versagt, hat es sehr schwer, in einer Lehre durchzuhalten und zu einer angemessenen Berufsausbildung zu kommen.

Kinder brauchen ihren Vater aber noch in vieler anderer Hinsicht. Schon die Kleinen brauchen das Mann-Vorbild – die kleinen Mädchen, um in die Sicherheit des Wollens hineinwachsen zu können, eines Tages eine Ehefrau zu werden. Mädchen ohne Vater haben häufig ähnliche Schwierigkeiten wie Petra: sie haben nicht die Beziehung der Mutter zum Vater erlebt, sie haben nicht in der Liebe des Vaters zur Tochter in aller Unschuld die kleine Eva spielen können. Es klafft einfach eine wichtige Erfahrungslücke im Erleben. Diese Lücke ist gewiß nachholbar; aber das Werden zur Frau erfolgt mühevoller als bei Töchtern mit einer liebevollen Beziehung zum Vater. Und erst recht für die Söhne ist das Hineinwachsen in die Mannrolle sehr viel selbstverständlicher gesichert, wenn sie einen Vater haben, der sich um sie kümmerte, den sie bei der Arbeit sahen, dem sie nachstreben konnten. Jungen, die nur von Frauen umgeben waren, haben häufig ein deutlich sichtbares Ungleichgewicht in ihrem Seelenhaushalt. Waren diese Frauen darüber hinaus gar noch bedrängend, dikatatorisch, überbehütend oder gar (was heute nicht selten vorkommt) sexualisierend, dann entsteht in diesen Menschen häufig eine große Unsicherheit in der Geschlechtsrolle. Sie fühlen sich nicht richtig als Mann, sind aber auch von „Weibern übersättigt", wie kürzlich ein Jugendlicher in der Praxis zu mir sagte, so daß sie dadurch eine Sexualstörung oder sogar eine Perversion entwickeln.

Darüber hinaus wollen Kinder sich vom Grundschulalter ab zu *einem* Vater, *ihrem* Vater zugehörig fühlen. Ich kenne Kinder aus Kommunen, die verzweifelt orientierungslos nach ihrem *richtigen* Vater auf die Suche gingen, weil dafür eine ganze Reihe von Männern in Frage kamen.

Am meisten brauchen die Kinder aber ihren Vater im Jugendalter. Freilich, die Möglichkeit, sich in der Zeit von vierzehn bis einundzwanzig Jahren an seinem Vater zu orientieren, ist nur denjenigen möglich, die das seltene Glück hatten, ihn bereits durch die ganze Kindheit als ein verläßliches Wesen zu erleben, als einen Menschen, der mit sich reden läßt. Ist diese Beziehung nicht aufgebaut worden, so wird das zu dünne Band zwischen Vater und Sohn in der Ablösungsphase der Pubertät rasch zerrissen, denn in dieser Phase muß der Junge ja um seine geistige Selbständigkeit, um seine Ablösung ringen. Er tut es zunächst über die scharfe, oft unangemessene, zu harte Kritik am Vater! Diese schwere Probe der Entthronung *muß* nicht mit Hilfe von Machtkämpfen, sondern mit Gelassenheit, mit echter Überlegenheit bestanden werden. Aber solche Krisen tragen gute Früchte. Zerbricht das Vertrauen nicht ganz, so folgt zwischen dem sechzehnten und einundzwanzigsten Lebensjahr der

Jugendlichen eine Phase, in der sie nun mit Fragen kommen, die das geistige Gerüst des Lebens zimmern wollen: Fragen um die Berufswahl, nach dem Sinn des Lebens, nach politischen Einstellungen, Fragen um die Liebe und die Beziehungen zu Menschen. In Gesprächen der Jugendlichen mit ihren Vätern wird mehr als in solchen mit dem mütterlichen Elternteil der Sinn für überpersönliche Verantwortung geweckt, kann das Wissen um die Notwendigkeit entstehen, über den Tellerrand der eigenen Interessen hinauszuschauen, wenn das Leben zu einer optimalen Erfüllung kommen soll. Unsere Jugend heute braucht nicht mehr materielle Versorgung, nicht mehr psychologisches Verständnis; das wird ihr reichlich entgegengebracht – sie braucht vor allem geistige Führung von Menschen, deren Horizont weiter reicht als bis zum eigenen Gartenzaun. Denn nur Menschen, die wahre Verantwortung für die Zukunft leben, können ihre Kinder überzeugen und ihnen bei ihren Zielsetzungen helfen. Väter, die nur dem Geld oder der Karriere nachrennen, bewirken bei ihren Söhnen Verachtung, ja eine aggressive Traurigkeit, weil sie ohne Halt und Vorbild auf den Weg geschickt werden. Deshalb suchen sie dann oft wahllos den Vater: in alten Männern, in Idolen, wie Mao, Lenin oder Marx, ohne unterscheiden zu können, ob diese Ideale auch wirklich für die Zukunft taugen. Lebensziele ohne Illusionen, Lebensziele geistiger Wirklichkeit kann nur ein realer Vater geben – und es wird höchste Zeit, daß er diese Aufgabe ganz bewußt für seine Kinder übernimmt, damit so viele von ihnen nicht weiter in die Irre gehen.

Die jungen Väter, die ihre Kinder stolz auf den Schultern durch die Straße tragen, die mit Bekenntnisfröhlichkeit die Kinderwagen schieben, geben viel Anlaß zu Hoffnung: auf eine Generation von Vätern, die sich ihrer Verantwortung für die Familie, der Notwendigkeit ihrer Zuwendung zu den Kindern ganz bewußt ist und sie durchhaltend verwirklicht.

Ehenöte und ihre Hintergründe

Unsere Zeit ist eine ungewöhnlich lehrreiche Zeit; denn die freiheitliche Lebensform bringt viele Impulse an den Tag, die früher unter den harten Notwendigkeiten von Existenzzwängen oder gesellschaftlichen Tabus verdeckt, ja oft selbst im Bewußtsein des einzelnen verdrängt blieben.

So kann uns die Tatsache, daß heute Scheidungen viel leichter denkbar und möglich sind, durch die Aussagen der Scheidungswilligen in Beratungsgesprächen viele zusätzliche Erkenntnisse liefern über die Ursachen von Zerrüttungen in den Lebensgemeinschaften.

Auch früher hatten viele Männer heimlich eine Geliebte oder oft lebenslänglich neben der aufrechterhaltenen bügerlichen Ehe mit und ohne Wissen der Ehefrau mehrere oder gelegentlich wechselnde „Nebenfrauen". Heute kommt es aber immer häufiger vor, daß auf Wunsch der „emanzipierten" Hauptfrau oder nach vielem Drängen der mehr geliebten „Nebenfrau" die Erstehe aufgelöst und eine neue eingegangen wird. Wie nie zuvor läßt sich heute die Erfahrung machen, daß in vielen Fällen die Probleme damit keineswegs gelöst sind, daß die neu erwählte „Hauptfrau" noch einmal dasselbe Schicksal wie ihre Vorgängerin erleiden muß: irgendwann entdeckt sie, daß sie eine heimliche Nebenbuhlerin hat, daß eine weitere Person da ist, die ihr ihr Daseinsrecht an der Seite ihres Mannes streitig zu machen sucht in der Weise, wie sie es wenige Jahre vorher mit der ersten Frau ihres Mannes praktizierte. Nie zuvor hat sich so wie heute gezeigt, daß bei einigen Männern, „Treulosigkeit" geradezu ein Charakterzug ist, den sie mit einer neuen Ehe keineswegs ablegen wie ein überflüssig gewordenes Kleidungsstück.

Ein Beispiel mag diesen Sachverhalt verdeutlichen: Ein selbständiger Geschäftsmann lebt zwölf Jahre lang – glücklich verheiratet, wie er angibt – mit seiner Familie, einer attraktiven

Frau und drei Kindern, zusammen. Er hat in dieser Zeit eine ganze Anzahl von mehr oder weniger flüchtigen Geliebten, die er meist auf seinen Geschäftsreisen kennenlernt und immer einmal wieder besucht oder sich mit ihnen trifft. Eine von ihnen gibt sich aber nicht damit zufrieden, arrangiert Urlaubsreisen, fesselt den Mann durch eine sehr intensive sexuelle Beziehung, drängt auf seine Scheidung und setzt sie auch durch. Aber bereits in ihrem ersten Ehejahr entdeckt sie die Treulosigkeit ihres Mannes und gibt ihm den Laufpaß. Der Mann heiratet erneut, und der Tragödie dritter Teil beginnt. Denn aus allen Verbindungen gingen Scheidungswaisen hervor, enttäuschte, anspruchsvolle Frauen – und ein zunehmend unglücklich werdender „Haupttäter".

Dieser Mann, der mir nach der dritten Scheidung seinen total verwahrlosten Sohn aus der ersten Ehe vorstellte, sagte zu mir, nachdem er mir seine Geschichte anvertraut hatte: „Eigentlich empfinde ich mich als das Opfer. Was ist das für ein Zwang, der mich an immer gleiche Situationen ausliefert? Ich bin geradezu süchtig darauf bedacht, eine Heimlichkeit zu haben, und leide doch auch unter all den Lügen, die dadurch heraufbeschworen werden. Manchmal bin ich des ganzen Treibens so müde, daß ich mir am liebsten eine Kugel durch den Kopf schießen würde. Ich möchte frei sein – und bin doch schließlich in einer so scheußlichen Weise gefesselt worden, auch finanziell mit all den Internaten, psychotherapeutischen Behandlungen, Kuren und Sonderausgaben für die Frauen und Kinder, daß mir das Ganze oft unerträglich ist. Verstehen *Sie* das? *Ich* verstehe mich eigentlich überhaupt nicht." Ich fragte diesen Mann nach der Beziehung zu seiner Mutter. „Ach, wissen Sie", sagt er, „ich war der Abgott meiner Mutter. Sie fand wohl keine rechte Erfüllung in ihrer Ehe. Ich war ein ziemlich hübscher Junge, brav, ihr kleines Paradestück. Sie liebte mich über alles, als ich in die Pubertät kam fast mit einem erotischen Akzent. Ich bin ihr heute noch sehr verbunden, sie kommt häufig und dringt darauf, daß auch ich sie mindestens einmal im Monat besuche. Aber innerlich zwiespältig muß meine Beziehung zu ihr wohl doch sein. Meine Mutter ist sehr zärtlich zu mir, auch heute noch, und ich habe einen Abscheu, ja geradezu einen Ekel vor ihren Berührungen. Neulich hatte ich folgenden Angsttraum, der mit ihr zusammenhing: Ich wurde in einen Raum gestoßen, der sich im Hintergrund konisch verengte. Ein Luftsog will mich in diese Verengung pressen, und ich stemme mich mit wahnsinniger Anstrengung dagegen. Da sehe ich eine riesige Spinne aus dem Zentrum der Verengung auf mich zukriechen und ihre Fangarme nach mir ausstrecken. Als ich schweißnaß aufwache, weiß ich noch: Die Spinne hatte Riesenaugen. Es waren die Augen meiner Mutter! – Merkwürdig", sagt der Träumer, „dabei habe ich in meinem Leben nur Gutes von ihr erfahren."

In diesem kurzen Gespräch ist die Ursache des tragischen Wiederholungszwanges, in dem dieser Mann agierte, deutlich geworden: Es gehört zu den sperrigen Erkenntnissen der Tiefenpsychologie, daß es eine Mutterliebe gibt, die in der Art und Weise, wie sie praktiziert wird, den kleinen Söhnen nicht bekommt. Hat die mütterliche Umgangsweise einen „Liebhaberton", so entsteht völlig unbewußt in ihnen eine zwiespältige Haltung dem gesamten weiblichen Geschlecht gegenüber. Weil man bei der Mutter soviel Erfolg hatte, verstärkt sich das Bemühen auch später, das Glück bei den Frauen zu suchen. Weil aber die Übertreibungen der Mutter gleichzeitig Angst vor einer zu engen Bindung an sie hervorriefen – das Inzesttabu ist der Art Mensch „vorgeschrieben" –, braucht man auch später immer so etwas wie eine zusätzliche Absicherung der eigenen Freiheit. Da diese Absicherung gegen zu enge Bindung durch die Heimlichkeit mit einer anderen Frau gesucht wird, gerät so ein Mann nur allzu leicht in neue Teufelskreise der Fesselung. Solange ihm diese Situation als ein Agieren mit alten versteckten Ängsten nicht bewußt wird, kann er sich bis zur totalen Notlage in diesem Karussell seiner ihm unbekannten Bedürfnisse festdrehen.

Wie kann er herausfinden? Gewiß nur, indem ihm diese Versuche als ein Sackgassensystem bewußt werden, gewiß nur, indem er seine innere Problematik mit seiner Partnerin sehenden Auges in Angriff nimmt. Die Partnerin, schon ganz und gar wenn sie die dritte oder gar die vierte Ehefrau ist, muß diese Schwierigkeit ihres Mannes als einen notvollen Zwang mit sehen und durch ihre Einsicht, durch ein Bemühen um klärende und harmonisierende Gespräche den Versuch machen, ihren Mann aus diesen Teufelskreisen herauszuführen. Das ist natürlich nur möglich, wenn beide sich mühen, was bei den Herren der Schöpfung freilich oft erst möglich ist, wenn sie sich so verrannt haben wie der Geschäftsmann, von dem ich berichtete. Er muß meistens erst erleben, daß es so mit ihm nicht weitergehen kann. Vorher ist er selten reif für eine Wandlung seiner Persönlichkeit. Auf jeden Fall aber muß ein solcher Mann erfahren dürfen, daß seine Partnerin bewußt darauf verzichtet, ihn in eine sexuelle Hörigkeit zu bringen, daß sie betont rücksichtsvoll umgeht mit ihrer Möglichkeit, mit weiblichen Reizen zu locken, daß sie darauf verzichtet, Belohnungen – Geschenke oder Urlaubsversprechungen – für „sexuelle Dienste" einzuheimsen, daß sie ihrem Mann deutlich macht, daß sie *keine* Spinne ist, die ihn „aussaugt" durch das Stellen von Ansprüchen, gleich, welcher Art. Frauen, deren Männer eine Sucht zur Treulosigkeit aus Angst vor erotischer Mutterbindung mit sich herumschleppen, müssen ihnen zeigen und sagen, daß sie aus *Liebe* bereit sind, ihnen den so notwendigen Freiraum zuzubilligen. Auf diese Weise nur haben sie die Chance, ihren Mann von seinem zerstörerischen Wiederholungszwang zu erlösen. Zweit- und Drittfrauen sind aber in der Regel ganz besonders mißtrauisch und eifersüchtig, weil sie mit Recht Furcht haben vor einer neuen Untreue. Aber auf diese Weise malen sie den Teufel geradezu an die Wand, ja beschwören das Unglück herauf, das sie doch abzuwenden trachten. Nur die nicht fesselnde Frau, nur die gelassene, mit Verständnis beschenkende Partnerin kann ihren Mann von seinem Zwang zur Treulosigkeit befreien.

Ehe kann und darf ohnehin nicht bedeuten, daß zwei Menschen ihr Eigenleben vollständig aufgeben und nur noch als Eheeinheit handeln. Das darf auch deshalb nicht sein, weil der Mann und die Frau niemals vollständig übereinstimmende Begabungen und Interessen haben.

Auch die exklusive Liebe zu zweit muß sich gegenseitig mit Abstand, mit Freiräumen um sich herum beschenken. Es ist keine Liebe, vom Partner zu fordern, sich ganz für ihn aufzuopfern; Liebe ist vielmehr darauf bedacht, hellhörig und ermutigend im anderen den besten Kräften zur Verwirklichung zu verhelfen, sie ist bereit, um dieses Zieles willen eigene, egoistische Ansprüche zurückzustellen, ohne sich dabei vollständig aufzugeben. Gibt einer der Partner sein Eigenleben ganz auf, strebt er danach, dem anderen ein Totalopfer zu bringen, so hat das meist negative Folgen; denn der, dem dieses Totalopfer geschenkt wird, wird von ihm erdrückt. Er wird durch das Übermaß so sehr gebunden, daß er das bald – ohne Wissen und Wollen – als unerträgliche Fessel erlebt, so daß geradezu automatisch Befreiungsimpulse aktiviert werden. Oder aber der so im Übermaß beschenkte Partner versinkt in eine Unselbständigkeit, die ihn in die geistig-seelische Verkümmerung zwingt. Die Partner, die Tag für Tag in einer Gemeinschaft leben, brauche immer einmal wieder Abstand voneinander. Selbst bei Tieren, bei Ratten und Tupajas, zeigt sich, daß sich die Reizschwelle für Aggressionen enorm steigert, wenn sie auf zu engem Raum miteinander leben müssen. Fischmännchen greifen schließlich ihre Weibchen an, wenn man beide in ständiger Isolation sich selbst überläßt. Wieviel nötiger hat es erst ein Mensch unseres Kulturkreises, der zum Individuum erzogen ist, sich gelegentlich zurückzuziehen, seine eigene Mitte zu finden, um danach zu um so lebensvolleren Wiederbegegnungen mit dem Partner zu kommen! In unserem Leben ist ja niemals ein einziges Prinzip maßgebend. Wie das Einatmen und das Ausatmen muß es auch in der Beziehung eines Paares einen Wechsel geben zwischen Nähe und Ferne, zwischen einem Sichabtrennen und einem Sich-wieder-Verbinden.

Alle Riesenerwartungen, zum Beispiel die Forderung eines Mannes, daß seine Frau ständig in seiner unmittelbaren Nähe, gewissermaßen für ihn Gewehr bei Fuß stehen müsse, gründen nicht auf Liebe, bedeuten nicht Partnerschaft eines erwachsenen Menschen, sondern machen deutlich, daß er seine Partnerin an die Stelle der Mutter setzt und fordert, daß sie die Funktion von Dauerspendung und Dauergeborgenheit übernimmt wie eine Mutter für ihren Säugling. Besonders leicht neigen diejenigen Menschen zu solchen Fehlvorstellungen von Ehe, die in ihrer eigenen Kindheit mütterliche Geborgenheit nie kennengelernt haben oder mit ihr maßlos verwöhnt worden sind. Solche Menschen suchen, ohne daß es ihnen bewußt ist, den Partner für die eigenen neurotischen Wünsche zu mißbrauchen. Zerrformen dieser Art bringen aber nicht weiter, sie führen entweder zum Zerbrechen des *mißbrauchten* Partners, zur Entstehung chronischer seelischer oder auch körperlicher Leiden bei ihm (Migräne, Asthma bronchiale) oder zu seinem Ausbruch aus dem blutsaugerischen Gefängnis. Spätestens dann, spätestens in Gestalt dieser Not, die durch die Erkrankung oder das Fortgehen des Gefährten entsteht, erhält der an einem kindlichen Entwicklungsstand festhaltende Mensch die Chance, neu aufzubrechen in das Land eines maßvollen und verantwortungsbewußten Erwachsenenlebens hinein.

Was hindert die Frauen am Aufstieg?

Seit Jahren bemühen sich Soziologinnen, Journalistinnen, Politikerinnen von den verschiedensten Seiten her darum, die Frauen für ihre eigenen Belange zu engagieren, ihnen die Notwendigkeit bewußt zu machen, daß Demokratie nicht allein eine Sache von Männern sein könne, daß Frauen sich dafür einsetzen müßten, Positionen zu erreichen, die ihnen mehr Einfluß in der Gesellschaft gewährleisten. Aber die Erfolge sind spärlich. „Diesen Frauen ist nicht zu helfen", schrieb die Journalistin Leona Siebenschön resigniert nach dem Bekanntwerden der Bonner Enquete von 1969. Woran liegt das? Warum haben die Frauen trotz aller emanzipatorischen Bestrebungen im Trend unserer Zeit immer noch so wenig Einfluß in der Öffentlichkeit, warum machen so wenige von ihnen Karriere?

Es lohnt sich, dieser Frage nachzugehen; denn erst eine wirkliche, die verschiedenen Faktoren umgreifende Analyse der Ursachen könnte ja die Voraussetzung bilden, hier Abhilfe zu schaffen. Ich will das aufgrund meiner Praxiserfahrung als Psychagogin, der viele Frauen – meistens allerdings Mütter – ihre Lebensgeschichte erzählten, und aufgrund meiner subjektiven Erfahrungen als Berufsfrau und Familienmutter versuchen.

Fragt man ältere berufstätige Akademikerinnen und Beamtinnen danach, wer oder was es denn eigentlich verhindert habe, daß der Posten des Direktors wieder einmal an ihnen vorbei von einem Mann besetzt worden sei, so kommt regelmäßig die verbitterte Antwort: „Die lassen uns doch nicht; unsere Demokratie steht auf dem Papier – im Grunde sind wir nach wie vor eine autoritär-patriarchalisch bestimmte Gesellschaft." Wendet man sich aber dann an jene Männer, die das Hauptgewicht bei Entscheidungen solcher Art haben, so kann man regelmäßig vernehmen: „Die X als Direktorin unseres Instituts? Undenkbar, sie ist tüchtig, sicher, aber für einen solchen Posten fehlt ihr einfach das Format." Ist das eine berechtigte Begründung oder nur eine Scheinmotivation? Die meisten Betroffenen sind davon überzeugt, daß es sich um vorgetäuschte Argumente handelt. Sie sagen: „Frauen sind in der Lage, Führungsaufgaben zu übernehmen, das beweisen nicht nur Indira Gandhi und Golda Meïr, das beweisen auch die vielen selbständig arbeitenden Unternehmerinnen, Schuldirektorinnen und Handwerksmeisterinnen. Frauen können keineswegs schlechter organisieren; im Gegenteil! Hier liegt eben die Ursache des Dilemmas; die Männer, einmal an der Macht, fürchten die Frauen als Konkurrentinnen und tun alles, um sie erst gar nicht zu maßgeblichem Einfluß kommen zu lassen."

Argumente dieser Art haben gewiß von Fall zu Fall viel Berechtigung. Oft, meistens gänzlich unbewußt, beruht die Abweisung der Frauen auf einer heimlichen Furcht vor ihnen. Diese Furcht kann durchaus realistisch und in bezug auf die Karriereanwärterinnen besonders berechtigt sein. Denn oft sind es gerade die sehr energischen Frauen, die überhaupt in eine solche Situation kommen. Frauen dieser Art können spitze Ellenbogen haben, mit denen sie es zum beruflichen Erfolg brachten, sie verbreiten leider nicht selten Kälte um sich, die die Arbeitskollegen erschaudern und die Macht dieser Frauen fürchten läßt. In anderen Fällen wird die Ablehnung aber keineswegs durch das Verhalten der Frau hervorgerufen – es kann auch bereits in der unbewußten Einstellung der Arbeitskollegen vorprogrammiert sein; denn viel stärker, als wir es im allgemeinen im Bewußtsein haben, werden unsere Sympathien und Antipathien von unseren positiven oder negativen Erfahrungen mit den Frauen unserer ersten Kinderjahre bestimmt. Jedenfalls ist es später im Erwachsenenleben grundsätzlich sehr mühsam, Frauen eine faire und realitätsgerechte Beurteilung widerfahren zu lassen, wenn wir mit Schwestern oder Müttern als Kinder schlechte Erfahrungen gemacht haben und diese negative Gestimmtheit unbewußt auf unsere Geschlechtsgenossinnen übertragen.

Die Ausgangslage, die hier später ungerecht und unrealistisch den Aufstieg einer Frau durch ein unbewußtes Vorurteil der abwählenden Arbeitskollegen verhindern kann, ist oft ganz unterschiedlicher Natur. Oft bringt erst eine Psychoanalyse an den Tag, daß sich ein erwachsener Mann immer noch und unangemessen gegen jede Frau – auch seine Ehefrau – zur Wehr setzt, nur weil er als Kind eine sehr viel ältere, tyrannische Schwester zu ertragen hatte, die aus Eifersucht auf die kleinen, mehr geliebten Buben diese im Kinderzimmer nach allen Regeln der Kunst schikanierte und quälte. Auch Frauen können im Konkurrenzkampf mit einer Kollegin perfide und unfair sein, von einer rasanten, spontanen Feindseligkeit, in der sich nicht selten der Kampf der ewig hinterherhinkenden jüngeren gegen die ältere Schwester äußern kann. Der Älteren fiel alles Lob zu, die Jüngere erlebte sich immer als Benachteiligte, so daß sich die Abwehr gegen die Zurücksetzung als oppositioneller Charakterzug einschliff, ein Charakterzug, der dazu führt, wie der Stier beim Zeigen des roten Tuches automatisch mit Aggressionen zu antworten, wenn eine Frau auf den Plan tritt und Erfolg hat. Solche spontanen Aversionen von Frauen habe ich in der Öffentlichkeitsarbeit immer wieder einmal erlebt und die unmotivierten Kämpferinnen dann gefragt, ob sie Schwestern hatten, die sie nicht leiden konnten. Es traf allermeistens zu. Diese alte Kinderrivalität zwischen Schwestern ist oft der tiefere Grund, weshalb es sowenig Solidarität unter Frauen gibt.

Weniger offene Feindseligkeit, hingegen mehr dumpfe Abwehr aufgrund heimlicher Angst lösen mächtige Frauenpersönlichkeiten aber bei Männern aus, und zwar bei jenen, die unter den Flügeln einer mächtigen Mutter groß wurden. Diese Mutter braucht gar nicht böse gewesen zu sein, im Gegenteil, sie kann eben auch aufgrund ihrer seelischen Kraft besonders liebesmächtig gewesen sein. Eine solche Macht löst aber besonders beim kleinen Jungen Furcht vor der Bemächtigung aus und provoziert automatisch Abwehr; denn es ist den Männern der Zukunft verordnet, selbständig zu werden und nicht das kleine Beiboot des großen Tankers Mutter zu bleiben. Automatische Abwehr dieser Art gibt es im männlichen Geschlecht gegen die mächtige Frau sehr viel häufiger als beim weiblichen Wesen (Frauen fürchten den mächtigen Mann nicht – im Gegenteil, sie lieben ihn, weil sie den mächtigen Vater im allgemeinen gleichzeitig mehr als Beschützer denn als Überwältiger erlebten).

Die Furcht vor der Frau als Vorgesetzte ist also oft in der irrationalen Angst vor der ,,Großen Mutter" begründet, von der die Tiefenpsychologie weiß, daß sie einen ,,Verschlingungsaspekt" hat. In den Mythen und Sagen ist diese begründete Angst der Kinder vor der überbehütenden Macht ihrer Mutter, die das Selbständige im Keim erstickt, in Form einer kindesfressenden, hexenhaften Großmäuligkeit als ein Niederschlag des typischen Erlebnisses vieler Söhne zur Darstellung gebracht worden.

Dieser Faktor, der bei manchen Entscheidungen um den Aufstieg der Frau viel intensiver wirkt als ihre reale Beurteilung aufgrund von Beobachtung, bedeutet eine massive Behinderung für sie. Er ist auch nicht einfach durch Bewußtmachen aus dem Weg zu räumen. Er läßt sich wohl nur allmählich durch viele Generationen hindurch, gewissermaßen durch Auswachsen, bekämpfen, und zwar dadurch, daß allmählich immer mehr Frauen ganz bewußt den verschlingenden Anteil ihrer Mütterlichkeit bekämpfen und ihre Söhne auf diese Art und Weise weniger komplexbeladen ins Erwachsenenleben entlassen.

Aber es sind nicht nur solche ganz versteckten irrationalen Faktoren, die den Aufstieg der Frau behindern. Es gehört für eine Frau ein viel länger dauerndes Lerntraining dazu als im allgemeinen für den Mann, bis sie einen Status erreicht, in dem sie neben einem personalen Denken, das für sie originär ist, auch sachbezogen, überpersönlich, abstrahierend Entscheidungen treffen kann, wie es bei Aufgaben im Führungsbereich unerläßlich ist.

Kürzlich erlebte ich als Gutachterin beim Landgericht eine reizende junge Staatsanwältin, die die Verhandlungen in ein zwielichtiges Ungleichgewicht setzte, weil sie unentwegt in die Prozeßführung eingriff und freundliche Suggestivfragen an die Angeklagte richtete mit dem Ziel, sie zu entlasten. Sie hielt in ihren Plädoyers Verteidigungsreden und blieb in ihren Strafvorschlägen entwaffnend hinter den ohnehin milden Vorstellungen des Vorsitzenden zurück.

Ich sagte ihr nach der Verhandlung, daß den Jugendlichen durch sie als Anklägerin des Staates wenig reale Vorstellungen von der Ordnungsmacht vermittelt worden seien, worauf sie erwiderte: „Aber ich werde doch aus meinen Gefühlen keine Mördergrube machen und hier unecht eine Rolle spielen!" Daß dieser Beruf ihr eine bestimmte Rolle zudiktierte, daß ihre Robe und ihr Amt ihr die Vertretung der übergeordneten Interessen des Staates zuweisen, war einfach noch nicht in ihr Bewußtsein gedrungen. Bei manchen Politikerinnen wird diese

Schwierigkeit auch deutlich erkennbar. Unbewußt kämpfen sie oft für personale Rechtfertigung, messen ihre Entscheidungen an subjektiven Erfahrungen und zeigen wenig Gespür für zukunftsbezogene Entscheidungen, die auf Verantwortungsbewußtsein für die Erhaltung des Staates und damit für die Lebensmöglichkeiten seiner Bürger basieren. Frauen brauchen sehr viel historische, philosophische und humanistische Bildung, um die Möglichkeit zu einer sachbezogenen, vom Einzelfall absehenden, abstrahierenden Denkweise zu bekommen, ohne die Führung – von was auch immer – nicht erfolgreich sein kann. Diesen Status zu erreichen ist für eine Frau schwer. Er wird auch mit hohen Preisen bezahlt, die sie eben oft gar nicht bezahlen will: mit der Einschränkung von Spontaneität und Impulsivität, von Identifikationen mit dem einzelnen anderen, vom Sinn fürs Detail, vom Spaß an Koketterie und Ausschmückung. Denn viele Frauen spüren, daß sie damit etwas sehr Anziehendes aus der Hand geben, einen Wert, der ihr Leben glücklicher machen kann.

Mit diesen Gedanken sind wir nun aber bereits bei einem weiteren gewichtigen Faktor angelangt, der daran mitbeteiligt ist, den Aufstieg der Frau im Beruf zu verhindern:

Es ist die andersgeartete Interessenrichtung, von der die Mehrzahl der Frauen gekennzeichnet ist. Ihre Interessen haben im allgemeinen andere Prioritäten als die der Männer. Es liegt nicht nur am jahrhundertelangen Dornröschenschlaf der von Männern unterdrückten Frauen, daß sie im allgemeinen wenig Neigung zeigen, Astronauten, Pilotinnen oder Expeditionsleiterinnen zu werden. Es gehört nicht primär zu ihren Wunschträumen, in der Öffentlichkeit zu stehen, öffentliche Verantwortung zu tragen. Die allerwenigsten Mädchen haben Wunschträume dieser Art, im Gegenteil, es schaudert sie, wenn sie sich vorstellen, solche Pflichten einmal übernehmen zu sollen. Hingegen träumen die Mädchen, wie ich in meiner Praxis immer wieder erfahre, auch im Jahr 1974 unverändert hauptsächlich den einen großen Traum: einen Mann zu finden, den besten, klügsten, stärksten, wunderbarsten, der sie glücklich macht und den sie glücklich machen können. Es ist daher immer noch eine nur kleine Crew, die Gruppe der Enttäuschten, Alleingelassenen, vom Schicksal an den Rand gedrängten Unerfüllten, die nach dem Zerplatzen des großen Traums vom schönen Leben den Rucksack mühsam wieder aufnimmt, um, von der Not ihrer

Situation getrieben, einen Weg in die Selbständigkeit und in die Karriere, in eben ein anderes, in ein doch noch ertrotztes Glück hineinzuwagen. Deshalb werden es auch in absehbarer Zeit nicht die vielen sein, die sich zur Karriere drängen – es wird trotz aller Appelle, trotz all der emanzipierten Vorbilder nur eine kleine, eine sehr charakteristische Schar sein, die sich überhaupt an den Aufstieg heranmacht.

Denn auch wenn der Mann in der Ehe nicht das hielt, was die hochgespannten Erwartungen an seelischer Kommunikation sich erträumten, ist dieser Weg dadurch, daß die Weiche zunächst in Fahrtrichtung „Familie" gestellt wurde, im allgemeinen durch die Kinder über lange Zeit enorm behindert. Einer richtigen und warmherzigen Frau ist eben egal, was der Chef über ihre Zuverlässigkeit denkt angesichts der Situation, daß ihr Kind in Fieberkrämpfen liegt. Sie gerät auf diese Weise in die Ära der Ausscheidungskämpfe gar nicht erst hinein; denn dazu ist das totale Engagement nötig, ganz gleich, ob es sich um die Karriere in einem Betrieb oder in einer Partei handelt. Das kann und das will die Familienmutter in vielen Fällen nicht leisten. Ihre Prioritäten liegen, ohne daß sie darüber nachdenkt, einfach von ihrer Situation her anders.

Eine sensible Mutter schafft es auch allenfalls unter dem Druck von Existenznot, ihren hilflosen Säugling irgendwelchen fremden Personen zu überlassen. Sie zieht es vor, ihren Beruf zunächst einmal an den Nagel zu hängen, wenn sie Kinder bekommt; sie tut das oft sogar, obgleich ihr klar ist, daß sie damit an der weichenstellenden Strecke aus der Konkurrenz ausscheidet. Aber selbst für die Frauen, die hier nicht instinktiv zu ihren Kindern getrieben werden, die die Säuglinge eben in der Betriebskinderkrippe und später im Betriebskindergarten abgeben, ist damit keineswegs die Bahn frei zum Platz an der Sonne: Ich kann aus der Praxis ein Lied davon singen, wie betroffen die Mütter mit den hochfliegenden Berufsträumen reagieren, wenn ihre Kinder, weil sie nie das rechte Maß an Zeit und persönlicher Zuwendung bekamen, nun in der Schule versagen, antisozial reagieren und in den Familien den großen Racheterror aufziehen. Die überschüssige Kraft solcher Frauen zerbricht an ihren Schuldgefühlen, an der späten Einsicht, daß hier etwas Dringliches, Notwendiges, Unumgängliches versäumt worden ist, von ihr, vor allem von ihr. Solche Erkenntnisse zermürben, führen zum Aufgeben des Berufs oder auch einfach nur zu einem schleppenden Gerade-noch-das-Nötig-ste-Schaffen. Frauen leiden viel, viel mehr darunter, wenn ihre Kinder versagen und zu Hause roh und lieblos sind, sie sind nicht – wie viele Väter – in der Lage, die Schuld auf den Partner abzuschieben, sie werden von der Faust ihrer Schuldgefühle zu Boden gedrückt. Die Karriere bleibt bei solchen Schicksalen meistens auf der Strecke.

Der Berufsaufstieg der Frauen scheitert aber häufig auch noch an einer weiteren Gegebenheit: Eine Laufbahn erfordert häufig auch Flexibilität in bezug auf den Ortswechsel. Ein Auslandsaufenthalt über einige Monate ist unumgänglich, wochenlange Berufsreisen und Kurse, Austausch bei den verschiedenen Niederlassungen der Firma werden mit Recht von den Vorgesetzten als unumgängliche Voraussetzung für die Stellung im Führungsposten angesehen. Viel mehr Männer können in solche Vorschriften einwilligen, viel weniger Frauen sind dazu in der Lage. Zwar ist der Ehemann, der Vater im Grunde zu Hause genauso nötig wie die Frau. Aber unter dem Aspekt, die Familie finanziell versorgen zu müssen und für ihr Prestige verantwortlich zu sein, kann er sich über Erwägungen dieser Art viel leichter hinwegsetzen. Seine Abwesenheit ist durch diese Aufgabe an der Familie gewissermaßen sanktioniert, das Opfer von Frau und Kindern gerechtfertigt. Bei der Karriere der Frau werden Argumente dieser Art keineswegs mit dem gleichen Maßstab gemessen. Eine hochgestellte oder gar berühmte Familienmutter ist für ihre Umwelt eher Anlaß zum Naserümpfen und Kopfschütteln als zur Erhöhung des Familienprestiges. Die Tatsache, daß eine Frau das Geld verdient, während der Mann derweil zu Hause kocht oder die Kinder versorgt, bedeutet für diesen im allgemeinen eine ihm unerträgliche Wertminderung, durch die er – auch wenn er sich ideologisch zum Protest gegen diese Klischees entschlossen hatte – binnen kurzem in Depressionen oder zum Ausbruch aus häuslicher Fron getrieben wird. Solche Katastrophen ahnt die Frau. Sie verzichtet lieber, als sie heraufzubeschwören.

Aber selbst wenn keine Kinder da sind, selbst wenn die Frau einen ebenso arbeitsfreudigen, in seinem Beruf engagierten Partner hat, ist ihre Flexibilität in bezug auf den Ortswechsel im allgemeinen heute noch sehr eingeschränkt. Im Konflikt zwischen Aufstieg und Rücksicht auf die Menschen in ihrer Umwelt – oft sind auch noch alte Eltern zu versorgen! –, im

Konflikt zwischen Selbstentfaltung und liebevollem Dienst für ihre Angehörigen bleibt die Karriere im allgemeinen auf der Strecke.

Man glaube nicht, daß das für fähige Frauen, die Freude an ihrem Beruf haben, mühelose, leichte Entscheidungen sind. Oft werden sie auch mit Verbitterung, zähneknirschend als unumgänglich vollzogen, so wenn die Frau erfährt, daß der geliebte Mann in ihrem eigenen Auslandsjahr munter fremdging und das Band zwischen ihnen zu zerreißen droht, so wenn sie sieht, daß der Partner kümmert, weil er das lieblose Kantinenessen auf die Dauer nicht verkraften kann, nicht selten auch, weil dem noch autoritären Partner der Geduldsfaden reißt und er seine Frau vor die Alternative stellt: ,,Entweder ich oder deine Karriere!"

Wenn der Gesellschaft daran liegen sollte, daß wirklich mehr Frauen die Fähigkeiten, zu denen man sie auf Schulen und Hochschulen brachte, optimal verwirklichen, so brauchen sie noch sehr viel mehr aktive Hilfe, noch viel mehr allgemeines Verständnis für ihre so ganz andere Situation, die der der Männer nicht vergleichbar ist. Will man in der Konkurrenz nicht nur eine Auswahl besonders männlicher, besonders spitziger, harter Frauen haben, die Abneigung und Ängste der Kollegen immer mehr verstärken und Teufelskreise der Aufstiegsbehinderung heraufbeschwören, will man die wirklichen Frauen in Spitzenpositionen haben, dann muß man mit sehr viel mehr konkreten Hilfen auf ihre Situation eingehen. Dazu gehört als erstes, daß man den Müttern auf eine Weise gerecht zu werden versucht, die der Familie nicht schadet. Von meinem Fachbereich her würde ich es für unumgänglich halten, für jedes Kind ein Babyjahr einzurichten, am besten sogar ein berufsloses Intervall von mehreren Jahren, in denen die berufliche Weiterbildung der Betriebsangehörigen gewissermaßen per ,,Heimarbeit", über Informationsmaterial und Fortbildungsabende aktiv betrieben und ihr auch die Rückkehr an ihren alten Arbeitsplatz zugesichert wird, wenn die Kinder so weit sind, daß sie auch in der Gruppe und von fremden Personen betreut werden können, ohne daß sie das in ihrer seelischen Grundsubstanz noch tiefgreifend gefährdet wie in der ersten Lebenszeit. Dorfhelferinnen und Zusatzhilfen sollten in so hinreichender Zahl – am besten betriebseigen – vorhanden sein, daß ältere Kinder von ihnen in Zeiten der Krankheit betreut werden könnten.

Die Männer aber müßten bereits in der Schule obligatorisch

das Kochen lernen und von ihren Müttern so erzogen werden, daß es für sie weder ehrenrührig noch eine Schwerarbeit ist, einen Knopf anzunähen, einen Anzug zu bügeln, ein Bett zu machen oder Lebensmittel einzukaufen. Sie vor allem müssen allmählich zu der Einsicht gelangen, daß das dekadente Patriarchat, die arrogante Paschahaltung, die sie im letzten Jahrhundert eingenommen haben, die tieferen Gründe für die Notzustände in unserer Zeit sind. Wenn die Männer lernen, ihre Frauen als Partnerinnen zu verstehen, die mit ihnen gemeinsam, jede nach ihrer Begabung, jede auf ihrem Platz, für die Zukunft verantwortlich sind und ihr nach Kräften zu dienen haben, dann würden sie ihren so unberechtigten Egoismus überwinden können, der viele Frauen immer wieder resigniert ins Mauseloch kriechen läßt. An der Zukunft arbeiten das heißt ganz aktiv mit darum bemüht sein, daß die Kinder zu ihrem Recht kommen, solange sie noch die unmittelbare Nähe und Betreuung der Eltern brauchen; es bedeutet aber auch für den Mann nach ihrem Flüggewerden, nicht einseitig die Opfer des Alleinseins von seiner Frau zu fordern, dergleichen aber selbst nicht leisten zu wollen. Männer der Zukunft, die ihre Arbeit nicht ausschließlich als ein Suchen nach Geld, Besitz, Ruhm und Ansehen verstehen, sondern als ein verantwortungsbewußtes Gestalten an dem Platz, für den man begabt ist, werden ihre Frauen gar nicht mehr festhalten wollen. Mehr Frauen der Zukunft, die durch ihre Männer diese Einstellung lernen, werden ihre Lebenserfüllung nicht einseitig mit Warten auf den Heimkehrenden finden wollen, sondern werden – erstmals in der Geschichte nicht seufzend und widerwillig – im Einklang mit ihrem Liebesbedürfnis an die Arbeit gehen. Ohne die freudige Bereitschaft ihrer Partner, ohne deren Zustimmung, deren Zucht und dankbare Anerkennung wird der Aufstieg der Frau einsame Ausnahme bleiben müssen. Es kommt alles darauf an, wieviel Adam aus seinem Sündenfall in die Scheinautorität zu lernen bereit ist. Denn erst dann wird die Arbeitskameradin auf ihn warten, die er sich wünscht: eine, die nicht eine kleinliche, wegbeißende, neidische Intrigantin ist, sondern eine, die aus dem Gefühl des Angenommenseins heraus in der Lage ist, großzügig, freundlich, tolerant und kraftvoll zu sein, die eine hohe Stellung nicht zur Machtausübung und Unterdrückung mißbraucht, sondern das Amt, zu dem sie befähigt ist, in kooperativer Fairneß erfüllt.

Wer ist das eigentlich – der Mensch?

Ich möchte die Frage „Wer ist das eigentlich – der Mensch?"
sofort und in einem Satz beantworten: „Er ist ein Geheimnis."
In den großen Tragödien, in den Kunstwerken der Hochkul-
turen haben es einzelne vermocht, dieses Geheimnis darzustellen, zu beschreiben, ahnbar zu machen. Aber wir brauchen
uns nicht einzubilden, daß wir das Geheimnis Mensch – womög-
lich mit rationallogischen Mitteln – mit „Wissenschaften" vom
Menschen lüften können. Gerade die Psychologie, die Anthro-
pologie, die Soziologie, die Biologie haben mit ihm zur Zeit
ähnliche Mißerfolge wie jene Jäger, die hektisch dem weißen
Hirsch nachjagten: Er entzog sich ihnen mehr und mehr und
wurde schließlich gänzlich unauftreibbar. So richtig und notwendig es ist, in den vielen Einzelfragen des Reagierens und
Verhaltens des Menschen experimentelle Forschung zu betreiben, so überheblich ist die Vorstellung, auf diese Weise seine
zentrale Wesenheit vollständig ausleuchten zu können; denn
alle erfaßbaren Triebbereiche bleiben ja nur Einzelheiten, sind
Mosaiksteine. Es fehlen uns sowohl ganze Felder von Inhalten,
weil sie sich der rationalen Erfaßbarkeit entziehen oder auch
aus ethischen Gründen nicht der Forschung zugänglich sind, als
auch das „geistige Band", das heißt die Einsichtsmöglichkeit in
die Gesamtstruktur, in Konstruktionsplan und -ziel des Menschen. Es mag also allenfalls möglich sein, durch eine Über-
prüfung der Theorien an der Erfahrung des eigenen Lebens so
etwas wie eine schmale Bresche in das geheimnisvolle Dunkel
Mensch zu schlagen. Denn eins ist sicher:

Die Tatsache allein, einige Jahrzehnte Leben durchgestan-
den zu haben, berechtigt noch nicht einmal zu dem Versuch
einer Aussage; denn leben allein macht ja noch nicht klug. Man
kann an der Möglichkeit, aus der Erfahrung zu lernen, vorüber-
gehen, weil sie ohne Eindruck blieb oder einen so heftigen, ne-

gativen erzeugte, daß man ihn schleunigst wieder „vergaß“, die Fähigkeit zur Ein-Sicht kann unentwickelt, das „Sehen“ bestimmter Zusammenhänge ungeweckt bleiben, die geistige Position für einen einmaligen, noch unentdeckten Blickwinkel kann unter Umständen gar nicht erst rechtzeitig erreicht werden. Wäre der Mensch in der Lage, alles das, was er während seines Lebens erfährt, auch bewußt zu erfassen, so brauchten wir über ihn nicht mehr zu rätseln. Aber nur eine winzige Spitze des Eisberges stellt unser Bewußtsein dar – gegenüber den riesigen, unsichtbaren, nicht sicher abzugrenzenden Massen der Gegebenheiten unseres Lebens, die die Schwelle zu unserem Bewußtsein nicht überschreiten. Meine erste These lautet daher:

Der Mensch ist ein Wesen, das weitgehend unbewußt lebt.

Wie schwer es ist, allein nur über die wahren Motive unseres Handelns etwas in Erfahrung zu bringen, wenn man diesen Teil, das bewußte Ich, für das Ganze nimmt, erfuhr ich schon sehr früh. Als ich zehn Jahre alt war, erlebte ich, daß eine Mitschülerin, ein Mädchen wie wir alle, nach langem Fahnden als die Diebin einer großen Zahl von Schlüsseln aus dem Schulgebäude entlarvt wurde. Eine große Kiste voller gestohlener Schlüssel wurde schließlich in einem Versteck bei ihr gefunden. „Warum hast du sie gestohlen?“ wurde sie gefragt. „Weil sie so schön glänzen“, erwiderte sie entwaffnend. Aber das *meinte* sie nur, sie *wußte* es genausowenig wie wir.

In meiner kinderpsychotherapeutischen Praxis habe ich später erfahren, daß solche „symbolischen“ Diebstähle um so häufiger auftreten, als lebenswichtige Bedürfnisse beschnitten und verdrängt werden. Unsere Kinder heute stehlen meistens „Süßes“, weil ihnen durch den Zeitmangel ihrer Mütter nicht genug seelische Süße zur Verfügung steht, die Kinder damals suchten häufig nach den verschlossenen Geheimnissen, die ihnen trotz ihrer Fragen aus Prüderie vorenthalten wurden.

In einem Kinderlandverschickungslager wurde in einer sonst friedlichen Mädchengruppe nachts ein Neuankömmling aus dem Bett gerissen, in der Toilette eingesperrt, seine säuberliche Habe aus dem Spind geholt, zertrampelt, zerrissen, besudelt und die Matratze aufgeschlitzt. Auf die Frage, warum sie das getan hätten, antwortete eines der Mädchen: „Sie sieht so doof aus", ein anderes: „Die sollte uns erst einmal kennenlernen." Aber *was* lernte denn diese Neue nun eigentlich kennen? Diese Mädchen hatten wochenlang friedlich und freundschaftlich zusammengelebt – ich selbst kannte sie nur von *dieser* Seite. Im Grunde wußten die Mädchen einfach selbst nicht, warum sie der Gleichaltrigen mit solch massiver Feindseligkeit begegnet waren. Sie wußten nicht, daß sie einem biologischen Abwehrmechanismus, der geradezu als Gruppenwahn auftreten kann, verfallen waren, dem noch in uns wirksamen „tierischen" Mechanismus, das Neue, Fremde, anders Riechende abzustoßen, weil sie es dumpf als gefährlich empfinden.

„Rüben hacken macht Spaß", wollte ich in einem Brief aus dem „Arbeitsdienst" schreiben, als mich gerade noch rechtzeitig die schmerzhaften Blasen an meinen Händen zu der Einsicht kommen ließen, daß ich es in Wirklichkeit ganz scheußlich fand und nur mein „Manipuliertsein" auf die Blut-und-Boden-Ideologie mir diese schlichte Möglichkeit zur Eigenerfahrung verwehrt hatte.

Als Studentin erlebte ich, daß ein „gebildeter" Vater sein zweijähriges Töchterchen durch massive Faustschläge auf den Kopf bewußtlos schlug, nur weil es schrie, und daß dieser Mann am nächsten Morgen angesichts der blutunterlaufenen Beulen zu seiner Frau sagte: „Was hast du mit dem Kind gemacht? Ist es schon wieder die Treppe heruntergefallen?" Die Frau antwortete nicht, zuckte nur resigniert die Schultern aus Angst, daß die Wahrheit einen neuen Wutausbruch auslösen würde.

Er wußte nicht mehr, was er getan hatte, dieser Mann. Er löffelte genüßlich, guten Gewissens sein Frühstücksei und empörte sich dabei zeitungslesend über die einreißende Sittenlosigkeit im Lande. Mit Recht konnte er das, so meinte er, denn bei ihm war doch alles in Ordnung. Er wußte nicht, daß er vor lauter Anstrengung, ganz untadelig, ganz vollkommen sein zu wollen, alle unbekümmert spontanen Impulse so sehr verdrängt hatte, daß sie als überschießende, unangemessene Reaktionsformen, zum Beispiel als Jähzorn, dann plötzlich mit ihm durchgingen. Und er hatte keine Möglichkeit, die Wunden, die er auf diese Weise schlug, wieder zu heilen, weil sein angstvoll verengtes Bewußtsein es nicht zuließ, sich einzugestehen, daß er selbst diese schändliche Tat begangen hatte. Er steckte im Gefängnis der Abwehrmechanismen seines Ichs.

Vorerfahrungen dieser Art waren nötig, um die Lehre vom

Unbewußten, die die Tiefenpsychologie uns beschert hatte, während meiner Studienjahre als eine „Erleuchtung" zu erfahren, als eine Möglichkeit, solchen „Dunkelheiten", wie ich sie eben schilderte, zu entkommen und mehr zu erfahren über den Menschen; denn die Erkenntnis, daß unser Bewußtsein nur den oberflächlichen Teil unseres Seins bildet, eröffnet mir eine neue Dimension, ein neues Horchen und Schauen. Auf diese Weise wurde in mir nicht nur die Lust am Erobern dieser terra incognita um mich herum und in mir selbst geweckt – Erfahrung und Selbsterfahrung als Wege zur Bewußtseinserhellung wurden jetzt überhaupt erst möglich. Im Zuge dieser Studien wurde mir freilich auch einsichtig, daß der Weg in die Bewußtheit ein dornenreicher, ja unter Umständen sogar ein gefährlicher Weg sein kann; denn er enthebt den Menschen eines wunderbaren Schutzes. Auf diese Weise wurde mir auch der Sinn der menschlichen Nebelwand „Unbewußtheit" klar: Sie muß so lange dasein, solange das Ich des Menschen so schwach ist, daß es der schützenden Hülle bedarf. Ohne ein kräftiges, wohlgepflegtes Ego, das seine Ellenbogen zu gebrauchen gelernt hat, ist Lebenserhaltung und -entfaltung gar nicht möglich. Deshalb kann alles hitzige Entlarven, alles frühe Aufklären und Abreißen solcher Hüllen sogar leichtfertiger Wahnwitz sein. Deshalb lautet meine zweite These:

Der Mensch ist egoistisch und mitläuferisch, unreflektiert suggerierbar und manipulierbar, solange er so schwach ist und so unmündig, daß er sich ohne die Abwehrmechanismen seines Ichs und ohne den Schutz der Gruppe dumpf als in seiner Existenz gefährdet erlebt.

Aber dennoch ist in uns ein Drang, diese Phase des Unbewußtseins und der Einbettung in kollektive Verhaltensmuster zu überwinden und zu mehr Klarheit der Zusammenhänge zu kommen. Inzwischen habe ich in meiner Praxis als Psychagogin viele ähnliche Fälle von „symbolischen Diebstählen", von „Mobbing" und anderen Massenpsychosen als Gruppenphänomene, von Scheinmotivationen durch Ideologisierung, von Projektion und Verleugnung erlebt, wie ich sie eingangs schilderte. Hat sich das Wissen an der Erfahrung erweitert? Wurde das große unbekannte Land Mensch um ein kleines Stück bekannter? An einigen Beispielen will ich versuchen, dieser Frage nachzugehen.

Vom Amtsgericht werde ich zur Begutachtung eines wiederholt straffällig gewordenen Jugendlichen gebeten. Peter ist sechzehn Jahre alt und wie fast alle Delinquenten auf *eine* Art des Gesetzbuches spezialisiert. Die erscheint dem Jugendrichter berechtigterweise als so absurd, daß er eine psychologische Persönlichkeitserhellung für notwendig erachtet; denn Peter hat wiederholt am hellichten Tage – meist nach dem Genuß einiger Flaschen Bier – Fahrzeuge gestohlen, ist damit ziellos durch die Umgebung gefahren und schließlich regelmäßig mit ihnen verunglückt. Den Höhepunkt dieser merkwürdigen Handlungskette bildet der Diebstahl eines Lastwagens mit Anhänger, mit dem er nach einer Fahrt von etwa zehn Kilometern dadurch, daß er in der Kurve einer Dorfstraße die Gewalt über das Fahrzeug verlor, an der Hauswand der Witwe Meyer landete. Das Erstaunliche war, daß Peter trotz vieler Peinlichkeiten und aufregender Folgen – des Volksauflaufs, der Beschimpfung, der Verhöre, der Bestrafungen – dennoch nach wenigen Wochen ein ähnliches Delikt beging. War er schwachsinnig? Nein, die Tests zeigten eine durchschnittliche Intelligenz und Einsichtsmöglichkeit in das Widerrechtliche seines Tuns. Er war überhaupt ein gänzlich „normaler" Junge, wenn man von der merkwürdigen Schwierigkeit absah, daß seine Bewegungsunruhe so groß war, daß er zum Beispiel keiner Beschäftigung nachkommen konnte, die ein längeres stilles Verharren an einem Platz zur Voraussetzung hatte. Niemand hatte diese Schwierigkeit hinterfragt – Eltern, Lehrer, Erzieher, Lehrherrn hatten sie gleichermaßen als eine lästige Angewohnheit des Jungen empfunden und ihn deswegen häufig getadelt oder ermahnt, ohne daß das Leiden sich besserte – im Gegenteil: es weitete sich, wie das Autostehlen zeigte, zu einem geradezu dramatisch durchbrechenden Drang aus, dem der Junge absolut nicht gewachsen war. Erst die Befragung der Mutter nach seiner Vorgeschichte brachte heraus, daß hier dumpf und roh ein Nachholbedarf sich berechtigterweise Gehör zu verschaffen suchte; denn der Junge hatte als Folge eines Unfalls im Alter von ein bis drei Jahren meistens in Gips, fast immer angebunden in einem Krankenhaus liegen müssen. Ausgerechnet in der Phase, in der der Expansionsdrang des kleinen Menschen mit Macht erwacht und zu einem unermüdlichen

Einüben des Bewegungsapparates auffordert, hatte dieser Junge unentwegt liegen müssen. Man hatte wenig Nachholendes getan, nachdem er gesund geworden war, er lernte allmählich laufen, blieb aber ein „Steifbock", brachte ungenügende Noten im Sport nach Hause und wurde durch seine Mißerfolge zunehmend mehr davon abgehalten, sich etwa in seiner Freizeit in Turnvereinen oder auf dem Spielplatz sportlich zu betätigen. So gefährlich auch für den Jungen selbst seine Eskapaden waren, so unsinnig sie schienen: bei genauerem Hinschauen zeigte sich, daß sie den Stellenwert von Signallampen hatten, in denen es durch eine unangemessene Aufladung zum Kurzschluß gekommen war. Zum Horchen, zum Fragen also, wie es in der Untersuchung dann ja auch geschah, wollte diese Tat die Verantwortlichen, wollte sie den Jugendlichen auffordern!

In den seltensten Fällen durchschauen wir solche Zusammenhänge. Was wir sehen, ist das Verhaktsein in der gleichen Rille; was wir erkennen, ist die Sackgassensituation eines Menschen, die Unentrinnbarkeit einer Gefangenschaft, die nicht durch äußere Mauern, sondern durch unsichtbare innere bedingt ist. Was wir allenfalls sehen, ist die Abhängigkeit eines solchen Menschen von den jeweiligen Umwelteinflüssen, die diese Schwierigkeiten charakterprägend heraufbeschworen haben. Denn der Mensch steht in seinen ersten Lebensjahren noch dumpf unbewußt unter den biologischen Triebgesetzen der Arterhaltung, die in starrer Zwangsläufigkeit funktionieren. Wie bei Tieren, die in unangemessenen, unnatürlichen Umweltbedingungen leben müssen, kommt es auch bei den Menschen zu dranghaften Fehlverhaltensweisen, wenn sich Erzieher in unserem technisierten Zeitalter Eigenmächtigkeiten herausnehmen, die die seelisch-geistigen Entwicklungsbedingungen des Kleinkindes nicht beachten, wie zum Beispiel die unabdingbare Gegebenheit, als Säugling von einer immer gleichen Pflegerin genährt und betreut zu werden. Entsteht eine solche Situation, so ist das Kind genötigt, eine unerträgliche Spannung, die durch die Drosselung lebenswichtiger Antriebe entstanden ist, zu beschwichtigen. Ja wenn die Zahl solcher Verspannungen in lebenswichtigen Bereichen zu groß ist und immer weiter verstärkt wird, kann es zu einer Dämonisierung der Antriebe kommen. In solchen Fällen wird der Mensch von ihnen überflutet und handelt dranghaft „böse". Meine dritte These lautet daher:

Ungepflegt oder biologisch falsch gepflegt, unerzogen oder verzogen, kann der Mensch entarten.

Entweder verfällt er einer Dämonisierung seiner Antriebe, er handelt dann „böse", oder er wird seelisch und körperlich krank und in seiner Entfaltungskraft behindert.

Aber das ist nur die eine Seite der Medaille. In meiner Arbeit ließ sich zwar in den letzten Jahrzehnten die Erfahrung machen, daß der prägende und oft eben schädigende Einfluß der Umwelt sich als viel größer erweist, als es bisher im Bewußtsein der Menschen vorhanden ist, aber wir haben auch neu lernen können, daß die bösen Sackgassen, in die Erzieher und Zöglinge auf diese Weise geraten können, eine sinnvolle Funktion haben: Sie bieten dem, der Ohren hat, zu hören, die Chance, den Weg in die Freiheit zu finden, wenn er nur den Mut hat, sich zu besinnen, zu fragen, Rat zu suchen, um neu beginnen zu können. Selbst ein Gefängnisaufenthalt, das Verbanntwerden auf ein Krankenlager, das Zurückgestoßenwerden in eine isolierende Situation können diese Gelegenheit bieten. Meine vierte These lautet daher:

Zwar lebt der Mensch weitgehend unbewußt, doch wird er durch Krisensituationen herausgefordert, höhere Bewußtseinsebenen anzustreben.

Meine Praxiserfahrung hat mich gelehrt, daß der Mensch ein Gefangener ist. Schicksalssituationen geben ihm aber die Chance, das zu erkennen und nach Wegen der Befreiung zu suchen. Der Mensch findet sich zunächst vollständig determiniert vor – durch seine Erbanlagen, durch die verschiedenen Einflüsse seiner Kindheit. Wenn wir dieses Leben beginnen, stehen wir unter der ehernen Vorherrschaft von biologischen Gesetzen, denen wir ausgeliefert sind; die Würfel werden über uns geworfen, ohne daß wir darüber auch nur die Spur einer Mitbestimmung hätten. Diese Würfel des Schicksals scheinen zunächst im höchsten Maße ungerecht zu sein. Ohne seine tragische Vorgeschichte wäre Peter gewiß nicht in dieser Weise immer wieder straffällig geworden. Aber selbst wenn unsere Startlampe zum Leben optimal ist, so wartet dennoch auf jeden von uns *seine* Grenzsituation, sein Schicksalspfeil, der ihn in eben seine, nur seine Achillesferse trifft. Sosehr diese Situation ohne unser Dazutun vorbereitet wurde, so wenig fruchtbar wäre es, achselzuckend das böse Schicksal zu verfluchen und sich in den Schmollwinkel des Haderns gegen es zurückzuziehen. Not ist immer Signal, ist verheißungsvolle Chance zu einem Aufbruch in die Freiheit des Willens hinein. Freilich öffnet sich diese Chance nur dem, der vorwärts schaut, nicht dem, der in Selbstmitleid und Hader versinkt; sie öffnet sich nur dem Tapferen, der bereit ist, sich seine aus dem „blödsinnigen" Handeln objektiv erwachsene Schuld einzugestehen und das Beste daraus machen zu wollen. Grundsätzlich heißt das, nicht wider den Stachel zu löcken, sondern das dranghafte Tun erst einmal anzunehmen, nach seinem Sinn zu fragen (wozu eben gelegentlich die Hilfe anderer nötig ist) und es in bewußter Verwandlungsabsicht in das eigene Leben einzubauen.

Bleibt zum Beispiel die Notwendigkeit zur Überwindung eines Entwicklungsrückstandes auf dem Sektor Expansion unerkannt, so kann das Leben eines Peter schließlich in Dauerarrest versanden, es kann auch im monomanen Interesse an schnellen Wagen ein Rennfahrerschicksal und vielleicht gar ein Rennfahrertod daraus werden. (Viele der großen Rennfahrer haben das Schicksal eines motorisch behinderten Kindes hinter sich). Unter Zuhilfenahme des Bewußtseins aber kann das Leben so eines Menschen zunächst in eine Phase sportlicher Ertüchtigung führen, zuerst über den Weg des Einzelunterrichts, und schließlich, wie es gesunderweise geschieht, zu der generellen Fähigkeit gezügelter Expansionsfreude im Dienst der eingeschlagenen Berufs- und Lebensarbeit werden.

Was ich hier am Beispiel der Bewegungsfähigkeit ausführte, trifft anscheinend für alle vitalen Lebensbereiche zu und kennzeichnet den Menschen einerseits als das plastische, aber auch als das zarteste unter den Lebewesen. Er ist bereits in jungen Jahren viel stärker verformbar, ja verstümmelbar und damit gefährdet, in einer Sackgasse zu verkümmern oder gar umzukommen. Aber die Sackgasse kann ihm oder den Menschen seiner Umwelt auch zu einer entscheidenden Einsicht verhelfen, die es ihm möglich macht, in die Sphäre des eigentlich Menschlichen, in den Bereich bewußter Entscheidungsfähigkeit vorzustoßen.

In diesen vorwärtstreibenden Grenzsituationen der Not öffnen sich dem Menschen – so lehrt uns die Erfahrung – auch oft längst zugemauerte Zugänge zu seiner Innenwelt, wenn der Bedrängte nur offen genug anklopft und fragt.

Der Mensch ist – und das ist meine fünfte These – *ein Ge-
leiteter. Er ist darauf angelegt, mit Hilfe seines Bewußtseins
seine biologisch bedingte Determiniertheit zu überschreiten und erfährt auf seinem Lebensweg zunächst allgemeine,
später individuelle Orientierungshilfen, die es ihm erleichtern, die Wege seiner Bestimmung zu finden.*

Diese Orientierungshilfen sind Erkennungsmerkmale, Ursym-
bole, die sehr früh in den Zeichnungen der Kinder auftauchen
und geradezu stereotyp im Wiederholungszwang von
ihnen zur Darstellung gebracht werden. Zu ihnen gehören:
das große Runde als Symbol der Einheit am Lebensanfang,
ja der bewußten Ganzheit als Ziel des Lebens, vornehmlich in den Kinderzeichnungen als Sonne dargestellt, der
Baum und die Blume, das Kind als Symbol der Entfaltung
des Lebendigen; der Vater und die Mutter, das Männliche
und das Weibliche, als Symbole der Polarität im Menschen;
das Haus als Symbol der Verfestigung, der Etablierung der
Person hier in der Welt; das Rad, der Wagen (heute mehr
das Auto) als Symbol der Bewegung, der Expansion, der
Dynamik; die Selbstdarstellung als Symbol des bewußten Ichs,
das Tier als Symbol des Triebhaften im Menschen, der Engel
als Symbol des Lichtvoll-Guten in ihm; Berg und Turm als das
Erhabene, Höhle, Burg und Schiff als das Bergende; die Brücke
als Übergang, als Symbol der Veränderung; die Insel als Symbol des Jenseits; das große Wasser als Symbol des Ursprungs
und der Lebenskraft. Grundsymbole dieser Art sind in den
naiven Darstellungen über alle Völker und Kulturen der Art
Mensch hinweg vorhanden. Sie zeigen, daß der Mensch keineswegs zunächst allein die Welt der Erscheinungen „abmalt",
sondern daß er das wiedergibt, was als Grundwesenheiten seines Lebens in ihn einprogrammiert ist. Unter der Vielheit der
Eindrücke, die als Kind dann auf ihn einstürmen, „vergißt" der
Mensch diese seine schöpferische Zeugnisfähigkeit; er wird,
notwendigerweise, zu einem, der sich *hier* umsieht, zu einem
„Tüchtigen, dem die Welt nicht stumm ist". Und erst die Not
macht ihn wieder wach für die Welt, in der die Wahrheit des
Lebensgrundes in Bildern zum Ausdruck kommt: Mancher hat
im Gefängnis, im Krankenhaus, im Sanatorium wieder angefangen zu malen, zu modellieren, ja zu träumen.
Ein Jurist, der sein Leben in unermüdlichem Aufbau, mit

Schaffenskraft und Vermögensbildung verbracht hatte, bekam ein Magengeschwür, an dem er operiert werden mußte. Er lag – noch sehr schwach – im Krankenhaus und träumte folgenden Traum:

Ich bin blind. Vor mir liegt ein Fluß. Ich weiß: Ich muß hinüber auf die Insel. Dort werde ich wieder sehen können. Aber ich finde keine Brücke, und keiner hilft mir hinüber, obgleich alle Passanten sehr freundlich sind.

Dieser Mann erfährt den operativen Eingriff als eine Krisensituation. Er erlebt, daß ihm etwas Entscheidendes fehlt: die Fähigkeit, über den Tellerrand des Alltäglichen hinauszuschauen, daß er es bisher versäumte, sich mit der Tatsache auseinanderzusetzen, daß der Mensch sterben muß und daß diese Gegebenheit den Nachdenklichen nötigt, nach dem Sinn und dem Ziel seines Lebens zu fragen. Der Fluß taucht nicht nur in den Träumen der heutigen Menschen in solcher Situation auf, er war auch in den Mythen der Alten bereits Sinnbild der Grenze des Lebens und der Sehnsucht, sie zu überschreiten, hinüberzusetzen, um in die Urheimat, auf die „Insel der Seligen", zu kommen. Der Traum des Juristen hebt eindringlich sein Bedürfnis nach Transzendenz, nach religiöser Verwurzelung hervor.

Da dieses Beispiel nur eine Konkretion allgemeiner Erfahrung ist, lautet meine sechste These:

> *Der Mensch hat ein religiöses Bedürfnis. Kommt ihm das zum Bewußtsein, so erlebt er sich als einer, der hier keine bleibende Statt hat, und sehnt sich nach einer Lebensführung, die das Nachher vorbereitet.*

Es ist nicht unbedingt nötig, daß die Bedeutung so eines Traumes, wie ihn unser Jurist hatte, ins Bewußtsein gebracht wird – er ist an sich bereits ein Zeichen dafür, daß der Kranke begonnen hat zu fragen, daß in ihm das Bedürfnis nach Transzendenz geweckt ist. Es kommt lediglich darauf an, ob er jetzt angstvoll die Frage nach der Bilanz und dem Sinn seines Lebens verdrängt oder ob er sich dem Anruf seiner Schicksalssituation und den aus der Tiefe aufsteigenden Orientierungshilfen stellt. Hilfen auf diesem Weg können übrigens nicht nur Schicksalseinbrüche und eindrucksvolle Träume sein – auch glückliche Umstände, das Angebot einer neuen, den Begabungen mehr gerecht werdenden Arbeit, die Begegnung mit einem seelisch verwandten Menschen, mit einer großen Liebe, mit einer geistig befruchtenden Lehre, einem Buch, einem „Propheten", einem Kunstwerk, können uns zu „Ergriffenen" werden lassen. Sind wir nur offen für solche Zeichen auf unserem Weg, so können wir sie zu unserem Heil aufnehmen und uns von ihnen reich beschenken lassen. Haben wir erst einmal die Einstellung zu solcher Offenheit, so erleben wir uns in solchen Situationen als Gerufene, die sich nicht versteckten. Wagen wir es, mutig zu sagen: Ich bin bereit, ich will versuchen, mit den Entscheidungen meines Lebens Antwort zu geben auf die Frage nach seinem Sinn, so tritt erfahrungsgemäß eine Veränderung ein, die sich segensreich auswirkt, denn auf diese Weise wird es möglich, nicht mehr ein Blatt im Wind der Zerstreuungen zu sein, sondern die Lebensgestaltung zu ordnen, eine Auswahl zu treffen. Erkennt der Mensch angesichts seines Todes die Unwichtigkeit nur egoistischer, etwa nur materieller, nur triebhafter Zielsetzungen, so kann er eine überpersönliche Skala von Werten für sich verbindlich annehmen: Daran mitzuwirken, das Leben menschlicher, wärmer, liebevoller zu machen, daran mitzuwirken, die Ordnung dieser Schöpfung zu erhalten, durch konstruktiv-schöpferische Arbeit ihren Geist, den Geist der Bewußtheit, zu stärken, bekommt bei solcher Einstellungsänderung den Vorrang. Der Mensch, der sein Leben als verantwortlichen, als antwortenden Dienst für Gott erleben lernt, gewinnt eine neue Standfestigkeit, eine Kraft, die von innen leuchtet.

Erfahrungen dieser Art haben mir innerhalb meines eigenen Lebens und meines Berufes gezeigt, daß sowohl die primitiven wie die differenzierten Dränge in unserem Leben, die zunächst widersinnig, störend, ja schädigend in Erscheinung zu treten vermögen, uns Auskunft darüber geben,

> daß – und dies ist meine siebente These – *der Mensch ein Gerufener ist, zunächst als ein biologisches Wesen, das in strenger, behüteter Gesetzlichkeit wachsen und sich entfalten soll, das als Mensch aber die Chance bekommt, über die Anonymität der Lebenserfüllung seiner Art herauszufinden zu individueller Bestimmung.* Sie erweist sich um so erfüllter, als in ihr spezielle Begabungen zum Tragen kommen und unter Zuhilfenahme von Reflexion und Einsicht der Geist der Liebe und der konstruktiven Ordnung verwirklicht wird.

Jenseits des Todes

Eine Schar sechs- bis achtjähriger Jungen spielt auf einem Rasenplatz „Räuber und Gendarm". „Päng, päng, päng", machen die Polizistenhelden nach einer wilden Verfolgungsjagd; die Räuber fallen um. „Tot, tot", jubeln die Hüter der Ordnung und befreien die Prinzessin, die die Räuber an einen Baum gefesselt hatten. „Nun umgekehrt", ruft eine Kinderstimme, und die Rollen werden getauscht. Die anderen Kinder sind nun die jubelnden Helden, während die „Räuber" unter den imaginären Schüssen „tot" auf den Rasen sinken. Ein vorübergehender Erwachsener empört sich: „Aber das ist doch grausam. Ihr könnt doch eure Freunde nicht einfach totschießen!" „Ooch", antworten die Kinder, „ist ja nur Spaß. Die Räuber sind böse, die müssen doch weg."

Nicht erst das Fernsehen hat Kinder gelehrt, solche Spiele zu spielen. Sie spielen sie (auch wenn sie aus pazifistischen Elternhäusern stammen) seit undenklichen Zeiten. Dabei haben diese Spiele keineswegs den Stellenwert von Vorübungen grausamer, mörderischer Handlungen im Erwachsenenalter. Sie bedeuten auf jeden Fall auch: imaginäres Vorüben der Tötung des Bösen, ein Vernichten des Schädlichen. „Tot" und „töten" hat bei Kindern meistens nicht die Bedeutung des Ablebens einer Einzelperson. Die scheinbar getöteten „Räuber" fallen mit lustvoller Intensität um, stehen lachend wieder auf, um bei der nächsten Spielrunde in ausgleichender Gerechtigkeit die unsterblich Guten, die Sieger, die Helden zu spielen.

In ähnlicher Weise ist auch in den Träumen des Menschen, in denen Beerdigungen und Todesfälle phantasiert werden, oft ein Wegwünschen von Personen oder auch Kräften gemeint, wie uns bereits Freud in seinen Analysen nachweisen konnte. Auch hier treten oft in derselben Nacht in einem nachfolgenden Traum die eben noch Beerdigten wieder auf und handeln, als seien sie niemals gestorben. In den Kinderspielen und in den

Träumen hat der Tod offenbar nicht den Charakter des Unerbittlichen, Unwiderruflichen, des absolut zerschnittenen Lebensfadens, als den wir ihn in der Realität beim Verlust geliebter Menschen erleben.

Diese merkwürdige Gegebenheit wiederholt sich in den Märchen und Mythen, ja auch in vielen biblischen Berichten: es gibt danach ein *Jenseits* des Todes, eine Wiederbelebung des leblos Erstarrten, Erweckungen, Erlösungen, Heraussteigen aus den Gräbern, ein Leben nach dem Tode in einer anderen Welt in den vielfältigsten Formen und Bildern.

Sind das alles sehnsüchtige, unrealistische Wunschphantasien von Lebewesen, die mit Entsetzen erleben, daß Mitmenschen starr und kalt vor ihnen liegen, und die ein Bewußtsein darüber haben, daß das gleiche Schicksal unabwendbar auf sie zukommt? Oder haben Kinderspiele, Phantasien, Träume und religiöse Darstellungen recht, wenn in ihnen der Tod als etwas Vorübergehendes dargestellt wird und nicht als das Ende?

Mit dieser Frage haben sich die großen Gelehrten, haben sich die Künstler, die Propheten, die Heiligen aller Zeiten beschäftigt. Eine riesige Fülle von Weisheiten, Visionen, Antworten liegt darüber parat.

Sie haben nichts daran geändert, daß eine Gruppe von Menschen auf die Frage nach dem Jenseits antwortet: ,,Ich *weiß*, daß mein Erlöser lebt", und die andere Gruppe kopfschüttelnd bekennt: ,,Ich kann dergleichen nicht glauben. Das sind für mich keine Beweise. Es sind Hirngespinste. Lieber nehme ich tapfer an, daß mein Leben mit dem Tode endet, als daß ich mich mit solchen Phantastereien selbst betrüge."

Wäre es also nicht besser, uns wie Faust vor seiner Suchwanderung zu der Haltung der Resignation zu bekennen: ,,Ich seh', daß wir nichts wissen können", als abermals mit Vorstellungen aufzuwarten, die von meinem Fachbereich her zu der unlösbaren Frage nach dem Jenseits Stellung beziehen?

Ich bin mir bewußt, daß ich mit den kleinen Erfahrungen aus meiner Praxis und denen aus ihren Randbezirken gewiß nichts Neues, Umfassenderes zu dem großen traditionellen Geistesschatz an Aussagen hinzufügen kann. Ich bin zu der Erkenntnis gekommen, daß vom Berichten solcher Erfahrungen mit Menschen für andere, Fragende, Suchende, Ermutigungen ausgehen, die es ihnen möglich machen, wacher, hellhöriger durch ihr Leben zu gehen, es damit zu vertiefen, mit neuem

Reichtum des Erlebens zu füllen, und daß es auf diese Weise zu einer Steigerung der Kräfte kommen kann. Nur diese Erfahrung, nicht mein „Eingeweihtsein", nicht etwa ein Mehr- und Besserwissen kann mich in aller Bescheidenheit zum Skizzieren einiger Erlebnisse und Gedanken zu dieser Frage berechtigen.

Es gibt unter den Träumen, die mir erzählt worden sind, eine Kategorie, die sich mit dem eigenen Tod und dem Leben nach dem Tod beschäftigen und darauf Hinweise geben. Sie treten nicht in Bildern des Todes, in Phantasien von einem Verstorbenen oder der eigenen Beerdigung in Erscheinung (solche Bilder haben einen anderen Aussagewert, von dem noch zu sprechen sein wird), sondern meistens in Gestalt einer Rückkehr, Heimkehr oder auch in verzweifelten Situationen als das vergebliche Suchen nach der Heimat.

Eins der eindrucksvollsten Erlebnisse wurde mir durch die Traumberichte eines meiner Lehrer, eines Universitätsprofessors, zuteil. Dieser Dozent, ein Philosoph, war jenseits meiner Studienjahre unserem Haus verbunden geblieben und besuchte uns regelmäßig. Er stand meiner Abtrünnigkeit gegen die Philosophie, meiner Beschäftigung mit der „windigen" Tiefenpsychologie in lächelnder Toleranz immer ein wenig skeptisch gegenüber. Er hielt nicht viel von Träumen und Symbolen, er war bei hoher logischer Intelligenz ein ausgesprochen nüchterner Mann, allem Spiritualismus gänzlich abhold.

Bei einer der Wiedersehensfeiern sagte dieser Gelehrte plötzlich in eine fröhliche Tafelrunde hinein: „Mir ist etwas Merkwürdiges geschehen. Ich habe in den letzten Wochen mit seltsamer Eindringlichkeit und Klarheit dreimal den gleichen Traum geträumt. Ich halte, wie Sie wissen, nicht viel von diesen Schäumen – aber das muß doch eine Bedeutung haben!

Ich träumte also, ich bin in meinem Hörsaal und halte eine Vorlesung. Da merke ich – und ich kann nicht erkennen, wie das geschieht –, daß immer mehr Studenten verschwinden, wohl durch eine Tür im Hintergrund sich davonschleichen. Die Zuhörenden werden weniger und weniger. Ich rede lauter und eindringlicher, ich benutze einfachere Worte, aber nichts hilft. Der Saal leert sich zunehmend. Ich strenge mich immer mehr an, fühle, wie mir der Schweiß ausbricht – da kommt mir plötzlich ein Gedanke und erfüllt mich mit großer Ruhe und Gelassenheit: ich bin hier ja nur Gastdozent. Eigentlich gehöre ich gar nicht hierher. Ich gehöre zu der königlichen Universität im hohen Norden. Ja, ich werde Seiner Magnifizenz schreiben. Ich bleibe hier nicht mehr lange, höchstens noch bis Ostern."

„Sagen Sie", fragt mein Gast drängend, „was bedeutet dieser Traum?" und greift genüßlich zu einem Bratenstück. Mich hingegen hatte ein mächtiger Schreck durchfahren, schien mir doch dieser Traum das Empfinden des Träumers zu verdeutlichen: „Meine Aufgaben hier werden mir zu schwer. Ich habe den Eindruck, daß meine Tätigkeit zunehmend sinnloser wird, sosehr ich mich auch anstrenge." Und als leuchte dann die beruhigende Erkenntnis auf: „Ich brauche gar nicht mehr lange zu leben, Gott wartet auf mich in meiner eigentlichen Heimat, jenseits des Todes."

Hatte mein Gast eine Depression, oder sehnte er sich vielleicht nur nach Pensionierung? Nein, er saß lebensfroh und heiter unter uns und verstand es wie immer, lukullisch zu genießen. Ich lenkte das Gespräch ab, weil mir sein Inhalt r icht geeignet schien, in Gesellschaft erörtert zu werden.

Aber als mich mein alter Lehrer einige Wochen später, im Oktober, wieder besuchte, zog er mich beiseite und sagte: „Sie *müssen* mir meinen Traum noch deuten! Ich habe ihn tatsächlich noch einmal geträumt." Ich fragte vorsichtig zurück: „Wie erleben Sie denn Ihre Studenten jetzt?" „Scheußlich, faul, ungeistig", erwiderte er, „mit Ihrer Generation damals war ein ganz anderes Arbeiten möglich. Aber ich werde dranbleiben, auch nach meiner Emeritierung; es gibt immer noch einige Ausnahmen, um die es sich lohnt." „Und was bedeutet Ihnen Ostern?" fragte ich, um herauszufinden, wieviel an Bewußtheit ihm in bezug auf den letzten Satz seines Traumes zuzumuten sei. „Ostern?" erwiderte er lachend, „Semesterschluß – ab nach Westerland." „Vielleicht sind Sie doch ein wenig müde?" meinte ich tastend. Ich stieß auf energische, scheinbar kraftvolle Abwehr und schwieg.

Kurz vor Weihnachten traten bei ihm aus heiterem Himmel heftige Beschwerden ein. Ein Magenkrebs wurde diagnostiziert, eine Operation durchgeführt, an deren Folgen der Patient wenige Tage nach dem Fest starb, ohne daß er sich der Schwere seiner Erkrankung bewußt geworden war. Ich sprach mit seinem Arzt. „Der Krebs war gewiß schon monatelang, rasch wuchernd, vorhanden", sagte der. Auch der Arzt war auf den Widerstand des Patienten gestoßen, als er ihn vorsichtig über seinen Zustand aufzuklären versucht hatte.

Dieses Erleben macht deutlich, wie wenig unser Bewußtsein oft in der Lage ist, eine Situation in ihrer ganzen Wahrheit zu erkennen, daß in unserem Unbewußten aber in Bildern die Wahrheit lebendig ist und dem bewußten Ich sogar Signale zusendet, wie etwa in der Wiederkehr eines Traumes, der sogar den nahen physischen Tod ankündigt. Aber an dieser Geschichte wird auch deutlich: Das Unbewußte des Träumers hatte nicht nur Kenntnis vom nahenden Ende hier auf der Erde („ich bleibe hier nicht mehr lange"), es *weiß* auch etwas, manchmal sogar *gegen* die bewußte Lebenseinstellung eines Menschen über eine Existenz *nach* dem Tod, hier eben bei „Seiner Magnifizenz", genau übersetzt: bei „Ihrer Erhabenheit", das heißt über die Rückkehr, die Heimkehr zum Eigentlichen, zu Gott.

Ähnliche Aussagen über eine Urheimat oder ein eigentlich vertrautes oder besonders schönes Land, eine Insel jenseits des Meeres oder jenseits eines großen Stromes gibt es in endlosen Wiederholungen bei vielen Menschen unserer modernen Welt und eben keineswegs allein unter den Gläubigen, sondern auch unter den Atheisten und Nihilisten.

Eine Frau träumt in ihrem vierten Lebensjahrzehnt: „Ich suche nach einer Insel, auf der ich früher einmal war, von der ich weiß, daß es auf ihr ganz besonders schön ist. Ich finde auch die Gegend wieder, von der her ich früher schon einmal Zugang zu dieser Insel gehabt habe; aber der Hafen ist jetzt ganz zugebaut. Es steht eine Kirche davor, die man erst durchqueren muß, ehe man an das Wasser gelangt. Ich versuche das auch, sehe dann aber von den Treppenstufen aus, daß das Wasser voller Zementsteine ist, wie bei der Maginotlinie oder der Berliner Mauer. Das Wasser darüber ist nur ganz flach; kein Schiff könnte hindurchkommen. Ich kehre wieder um, muß an der Kirche an einer Braut vorbei, die vergeblich auf ihren Bräutigam zur Trauung wartet, und presse mich mit viel Gepäck in eine überfüllte Straßenbahn hinein, die zur Stadt fährt."

Diese Frau befand sich in einer schwierigen Lebenssituation, die durch das Verlassenwerden von ihrem Partner entstanden war (sie ist auch die Braut in der Kirche). Todessehnsucht hatte sie ergriffen (zur Insel zurückkehren), aber sie hatte sich zu dem Entschluß durchgerungen, das Leben (die Straßenbahn, die Stadt) mit all seinen Lasten doch weiter auf sich zu nehmen.

In unserem Zusammenhang ist aber die Aussage bedeutsam,

daß diese sehr nüchterne Frau das Leben „jenseits des großen Wassers", jenseits des Todes also, als eine „Insel der Seligen" erlebt, von der ihr Unbewußtes eine Erinnerung hat.

Deshalb werden ausweglose Lebenssituationen in den Träumen häufig als ein Sichverirren dargestellt, von dem man „den Weg nach Hause" nicht mehr findet.

Eine fünfzigjährige, jeder Religion abholde Hausfrau, die in einer schwierigen Situation und in einer depressiven Stimmung ist, träumt: „Ich stehe ganz verirrt in einem Hof. Es gibt keinen Ausgang. Auf einer Seite des Hofes stehen Männer von der Müllabfuhr. Sie sagen, ich könne dort nicht hinaus, das sei eine Zertrümmerungsmaschine für Autos. Ein anderer Mann meint, es gäbe eine Drehtür, durch die er mich hinausbringen könne. Ich habe aber Angst vor einer Falle, bleibe im Hof und gehe im Kreis an den Wänden entlang. Es ist wie auf der Straße. Menschen kommen mir entgegen. Ich benehme mich wie die anderen, wie ein Spaziergänger, aber innerlich quält mich das Unvermögen, mein Zuhause nicht mehr zu finden."

Aus den Einfällen der Frau zu diesem Traum geht unmißverständlich hervor, daß die „Zertrümmerungsmaschine für Autos" für sie ein Symbol ist für den Gedanken an Selbstmord mit Hilfe eines vorgetäuschten Autounfalls, während im Symbol der Drehtür der Wunsch nach Bewältigung der Lebensprobleme durch die Liebe zu einem Mann als „Falle" verworfen wird. Das eigentliche Zuhause, ein der Träumerin längst bekannter Ort der Geborgenheit jenseits dieses Hofes der Gefangenschaft (= Leben), wird in dieser traurigen Situation nicht gefunden.

Ähnliche Motive und Bilder kehren in großer Fülle in den Mythen und Märchen wieder. Auch für „Hänsel und Gretel", Symbol für jeden von uns, kommt es nach den Verirrungen und Verzauberungen im Wald des Lebens zur Rückkehr mit den Schätzen der Hexe, als Symbol der Früchte bestandener Lebenskämpfe, heim in des *Vaters* Haus, wo sie mit großer Freude empfangen werden.

„Die Schätze des Lebens" hinüberzubringen ist offenbar ein mächtiges Bedürfnis, denn es kehrt auch in den Träumen der Menschen in großer Fülle wieder.

„Ich will auf eine lange Reise gehen", träumt eine alte Frau. „Ich habe zwei Koffer gepackt, einen mit meiner Arbeitskleidung und einen Transeuropakoffer mit meinem Schmuck, meinen Tagebüchern, meinen Bildern. Der eine ist für das Festland, der andere für Amerika."

Hier wird bereits deutlich eine Unterscheidung vollzogen, die sicher aus dem Bilanzziehen dieser frommen Frau resultierte: Sie trennte in ihrem Nachdenken bereits das Nichtmehr-Brauchbare, das Alltägliche ab von den wahren, seelischen Schätzen, die sie in ihrem Leben gesammelt hatte und die sie in das ferne Jenseitsland einbringen wollte.

Die Reihe der Beispiele aus Träumen und Mythen, in denen zum Ausdruck kommt, daß der physische Tod nicht als das Ende, sondern nur als ein schwieriger Übergang, meist durch ein trennendes Wasser, erlebt wird, ließe sich beliebig verlängern. Dennoch ist dieses „Reisen" ins Jenseitsland fast immer die Frucht des Bestehens notvoller und bedrohlicher Situationen, in denen der Tod lauerte. Nicht nur Hänsel und Gretel geraten in Lebensgefahr; Gefangenschaft bei der Hexe ist Ursymbol für bedrohliche Lebenslagen. Auch die Zertrümmerungsmaschine unserer Träumerin, also ihre Versuchung, sich das Leben zu nehmen, wird als Gefahr der Vernichtung erlebt, als eine endgültige Behinderung, den „Ausgang", den Weg nach Hause wiederzufinden. In unserer Seele wird offenbar der leibliche Tod nicht mit dem gleichen Schrecken erlebt, wie es unser bewußtes Ich tut. Unser Unbewußtes fürchtet andere Tode mehr, nämlich jene, die das Lebendigbleiben der seelischen Substanz gefährden und das Einbringen der Lebensschätze „in des Vaters Haus" unmöglich machen. Daß die Seele verzagt und sich aufgibt wie im Bild der Autozertrümmerung, daß der Mensch an der Verwöhnung erstickt (wie es Hänsel fast bei der Hexe geschehen wäre), daß sie in Verzauberung, Versteinerung fällt durch Ungehorsam, Bequemlichkeit, Gleichgültigkeit oder vorwitzige Neugier, lebt in unserem Unbewußten als eine viel höher bewertete Furcht und Bedrohung.

Ein Mann, der dazu neigte, in übertriebenem Intellektualismus seine Gefühle so zu unterdrücken, daß die Möglichkeit seines Erlebens immer geringer wurde, träumte: „Eine schöne Frau ist sterbenskrank. Sie leidet an Muskelschwund in Armen und Beinen. Sie wird sterben, nichts mehr kann sie retten."

Wir dürfen aufgrund unserer Erfahrungen mit der Traumsprache deuten: Die Gefühlswelt des Träumers ist hier, abgespalten von seinem Ich, als Frau dargestellt. Die Fühlfähigkeit des Mannes ist in Gefahr, zugrunde zu gehen.

Eine junge Frau, deren „Studiertheit" ihre Gefühlswelt untergraben hatte, träumt: „Ein junger, aufdringlicher Mann, dem ich hörig bin, hat mehrere Gräber für uns beide geschaufelt. Er probiert sie der Reihe nach mit mir zusammen aus. Ich muß jedesmal nach ihm hineinspringen. Er will dann mit mir wieder den Sand darüberhäufen; dann werden wir darunter ersticken. Ich folge ihm widerstandslos."

Solche Träume enthalten Warnungen. Sie signalisieren bildhaft die Gefahr, daß die lebendige Gefühlswelt stirbt, hier zum Beispiel unter der Last materialistischer Denkweisen zu ersticken droht.

Anscheinend wird in der Sprache der Bilder aber nicht nur von bedrohlichen Gefahren der Seele gesprochen, sondern es gibt wie in den Kinderspielen, von denen am Anfang die Rede war, ein symbolhaftes Sterben und Töten negativer, böser Kräfte in der Seele des Menschen, das unbedingt nötig ist, um den Sieg des Guten, um das ewige Leben zu ermöglichen. Die Träume und Mythen sind voll von solchen Toden der Notwehr gegen dämonische Gewalten in uns und um uns. Die Hexe in dem Märchen „Hänsel und Gretel", jene verschlingende Gefahr für die Seele, die durch den Überfluß entsteht, kann nur durch eine gewaltige geistige Kraftanstrengung der Menschenkinder aus der Welt geschafft werden. Um die Habgier zu bezwingen, muß jeder Mensch den „Räubern" in sich selbst das Handwerk legen, wie es in dem alten Kinderspiel „Räuber und Gendarm" ausgedrückt ist. Die „Lebensverflachung", die unserer Träumerin den Zugang zur „Insel der Seligen" verwehrt, kann durch eine religiöse Vertiefung (Kirche) und eine Bewältigung des Lebens (Straßenbahn, Stadt) überwunden werden.

In den Träumen und Märchen ist eine Fülle von Anweisungen enthalten, wie der Tod, der Zauber, die Erstarrung der Seele rückgängig gemacht werden können. Oft ist einfach nur geduldiges Warten notwendig, wie es das Märchen „Dornröschen" aussagt, wo die Belebung erst nach einer schicksalsmäßig festgelegten Zeit einsetzen kann. Oft müssen schmerzhafte Opfer vollzogen werden, damit die Erlösung in Gang kommen kann, wie zum Beispiel das Fingerabhacken der Schwester bei der Erlösung der „Sieben Raben" aus dem Glasberg. Manchmal kann die unterbrochene Entwicklung nur durch eine mächtige Anstrengung wieder in Gang gebracht werden, wie der Sprung der „Goldmarie" in den Brunnen andeutet. In anderen

Mythen helfen Gebet, Buße und Gehorsam gegen den bisher verweigerten Auftrag (Jonas im Walfischbauch), um der Todesmacht zu entrinnen, für die zum Beispiel auch das Verschlungenwerden von einem großen Fisch ein Symbol darstellt. Die Seele, die aus solchen Gefahren entlassen wird, erlebt diesen Vorgang als eine Erneuerung, eine herrliche Befreiung, als eine Vereinigung mit den Kräften, die abgespalten waren.

In den Träumen und Mythen kommt damit zum Ausdruck, daß es im Werdegang der Seele Wesentlicheres gibt als den leiblichen Tod. Er wird dort, abgesehen vom Tod durch Selbstmord, grundsätzlich nicht mit dem Ende gleichgesetzt, und viele Beobachtungen sprechen dafür, daß die Kämpfe gegen Tod und Teufel, Dämonen und Räuber, daß das Suchen nach Läuterung, Befreiung und Erlösung keineswegs eine Angelegenheit seelischer Konflikte innerhalb des Erdenlebens allein ist. Alle großen Religionen sprechen in reicher Bilderfülle davon, daß ähnliche Prozesse jenseits des leiblichen Todes in den vielfältigsten Variationen, Ergänzungen und Analogien fortgesetzt werden. Es ist uns als Lebende verwehrt, mit dem hellen Tagesbewußtsein darüber übereinstimmend klare Erkenntnisse zu gewinnen; aber wir dürfen den Aussagen der vielen bildhaften Berichte in unserem Geistesgut vertrauen, daß dort weder das Nirwana noch das absolute Nichts auf uns wartet, sondern daß in ähnlicher Weise, wie sich auf der Erde unendliche Variationen von Schicksalen vollziehen, mehr oder weniger lange, mehr oder weniger komplizierte Prozesse von Wandlungen, Läuterungen, Erleuchtungen und Vereinigungen auch noch im Jenseits vor sich gehen. Da es der Sinn solcher Werdenöte im Erdenleben ist, an der Verwirklichung von Bewußtsein, an der Vervollkommnung der Person zu ihrer spezifischen ethischen Qualität zu reifen, darf vermutet werden, daß diese Prozesse mit dem physischen Ende keineswegs abbrechen. Auch jenseits des Lebens scheint es vielfältig bewegtes Leben zu geben auf das Ziel der Schöpfung zu: die Absolutheit Gottes, die Allmacht der Liebe mit zu erwirken, wie sie auf den letzten Seiten der Bibel im Symbol eines klaren Meeres am Fuße von Gottes Thron, als Raum des ewigen Lebens, als die neue Stadt Jerusalem zu Darstellung gebracht ist. Bilder, Träume, Visionen dieser Art können den Menschen angesichts der Gefahr, von der Endgültigkeit des Todes niedergedrückt zu werden, Hoffnung geben, jenseits seines Tores höchste Freiheit zu finden.